Verena Schmidmaier

Personalkennzahlen

Ein Überblick über die Anwendung von Personalkennzahlen

Diplomica Verlag GmbH

Schmidmaier, Verena: Personalkennzahlen: Ein Überblick über die Anwendung von
Personalkennzahlen. Hamburg, Diplomica Verlag GmbH 2015

Buch-ISBN: 978-3-95934-767-9
PDF-eBook-ISBN: 978-3-95934-267-4
Druck/Herstellung: Diplomica® Verlag GmbH, Hamburg, 2015

Bibliografische Information der Deutschen Nationalbibliothek:
Die Deutsche Nationalbibliothek verzeichnet diese Publikation in der Deutschen
Nationalbibliografie; detaillierte bibliografische Daten sind im Internet über
http://dnb.d-nb.de abrufbar.

Das Werk einschließlich aller seiner Teile ist urheberrechtlich geschützt. Jede Verwertung außerhalb der Grenzen des Urheberrechtsgesetzes ist ohne Zustimmung des Verlages unzulässig und strafbar. Dies gilt insbesondere für Vervielfältigungen, Übersetzungen, Mikroverfilmungen und die Einspeicherung und Bearbeitung in elektronischen Systemen.

Die Wiedergabe von Gebrauchsnamen, Handelsnamen, Warenbezeichnungen usw. in diesem Werk berechtigt auch ohne besondere Kennzeichnung nicht zu der Annahme, dass solche Namen im Sinne der Warenzeichen- und Markenschutz-Gesetzgebung als frei zu betrachten wären und daher von jedermann benutzt werden dürften.

Die Informationen in diesem Werk wurden mit Sorgfalt erarbeitet. Dennoch können Fehler nicht vollständig ausgeschlossen werden und die Diplomica Verlag GmbH, die Autoren oder Übersetzer übernehmen keine juristische Verantwortung oder irgendeine Haftung für evtl. verbliebene fehlerhafte Angaben und deren Folgen.

Alle Rechte vorbehalten

© Diplomica Verlag GmbH
Hermannstal 119k, 22119 Hamburg
http://www.diplomica-verlag.de, Hamburg 2015
Printed in Germany

Inhaltsverzeichnis

1 **Einleitung** 7
   1.1 Problemstellung 7
   1.2 Aufbau des Buches 8
   1.3 Ziel des Buches 9

2 **Grundlagen des Kostenmanagements** 11
   2.1 Abgrenzungen des Begriffs „Kostenmanagement" 11
   2.2 Gestaltungsbereiche des Kostenmanagement 16
      2.2.1 Produktorientiertes Kostenmanagement 16
      2.2.2 Prozessorientiertes Kostenmanagement 20
      2.2.3 Potenzial- und ressourcenorientiertes Kostenmanagement 22
   2.3 Aufgaben des Kostenmanagements 23

3 **Personalcontrolling** 24
   3.1 Definition des Begriffs „Personalcontrolling" 24
   3.2 Operatives und strategisches Personalcontrolling 25
   3.3 Ziele und Aufgaben des Personalcontrollings 28
   3.4 Instrumentarium des Personalcontrollings 30

4 **Personalcontrolling mit Kennzahlen** 34
   4.1 Arten und Klassifikationsmöglichkeiten von Kennzahlen 35
   4.2 Ziele und Funktionen von Personalkennzahlen 36
   4.3 Vor- und Nachteile von Personalkennzahlen 39
   4.4 Kennzahlensysteme in der Personalwirtschaft 41
      4.4.1 Kennzahlensystem nach Grünefeld 42
      4.4.2 Kennzahlensystem nach Schulte 42

5 **Personalkostenmanagement und deren Kennzahlen** ... 44
   5.1 Definition von Personalkosten 44
   5.2 Ist-Situation im Personalwesen 45
   5.3 Personalkostenplanung 46
      5.3.1 Einflussfaktoren der Personalkostenplanung 47
      5.3.2 Personalkostenstrukturierung 48

5.4 Ausgewählte Kennzahlen für das Personalkostenmanagement. 49

    5.4.1 Personalkostenplanung und -kontrolle 51

        5.4.1.1 Personalintensität 51

        5.4.1.2 Personalkosten je Mitarbeiter 53

        5.4.1.3 Personalkosten je Stunde 54

    5.4.2 Personalbedarf und –entwicklung 55

        5.4.2.1 Altersstruktur 55

        5.4.2.2 Betriebszugehörigkeit 57

        5.4.2.3 Anteil des Personalentwicklungsaufwands 59

    5.4.3 Personalerhaltung und –einsatz 60

        5.4.3.1 Mehrarbeitsquote 60

        5.4.3.2 Krankheitsquote 62

        5.4.3.3 Fluktuationsquote 64

        5.4.3.4 Fehlzeitenquote 67

    5.5 Grenzen von Personalkennzahlen 71

6 Anwendung von Personalkennzahlen 73

    6.1 Entwicklung von Personalkennzahlen 73

    6.2 Darstellung von Personalkennzahlen 75

    6.3 Verstehen von Personalkennzahlen 79

    6.4 Personalkennzahlen als Arbeitnehmervertreter nutzen 80

        6.4.1 **Expansion** 82

        6.4.2 **Beurteilung der wirtschaftlichen Situation** 84

        6.4.3 **Personalkennzahlen im Rahmen der Einführung der BSC** 86

        6.4.4 **Benchmarking mit Personalkennzahlen** 89

7 Resümee 91

8 Quellenverzeichnis 96

Abbildungsverzeichnis

Abb. 1: Umfrage Ziele des Kostenmanagements 11

Abb. 2: Konzeptionelle Ansätze des Kostenmanagements 12

Abb. 3: Beziehungszusammenhang der Objekte des Kostenmanagements 14

Abb. 4: Prozessschritte des Target Costing 18

Abb. 5: Ablaufprozess PCO 25

Abb. 6: Umfrage zu den Hauptaufgaben im Personalcontrolling 30

Abb. 7: Umfrage Einsatz von Personalcontrollinginstrumenten in Unternehmen 33

Abb. 8: Personalarbeit muss in Verbindung mit Strategie und Messgröße stehen ... 34

Abb. 9: Funktionen von Kennzahlen 37

Abb. 10: Kennzahlensystem Cash-Flow/Mitarbeiter 41

Abb. 11: Personal-Kennzahlen-System nach Schulte 43

Abb. 12: Personalkennzahlen Teil 1 50

Abb. 13: Personalkennzahlen Teil 2 50

Abb. 14: Altersstrukturanalyse mit Zukunftsprognose 57

Abb. 15: Umfrage Personalentwicklungsaufwand 59

Abb. 16: Regelkreislauf für das Personalcontrolling bei Anpassung der
Fluktuationsrate 66

Abb. 17: Return on Investment Berechnungsweg 76

Abb. 18: Dateneckblatt erster Teil 76

Abb. 19: Dateneckblatt zweiter Teil 77

Abb. 20: Diagramm für die Darstellung von Verteilungen 77

Abb. 21: Beispiel zur Krankenquote 2011 78

Abb. 22: Balanced Scorecard nach Wickel-Kirsch 88

Tabellenverzeichnis

Tab. 1: Dimensionen und Gestaltungsmöglichkeiten des Kostenmanagements 15

Tab. 2: Ansatzpunkte des Kostenmanagements 16

Tab. 3: Idealtypische Unterscheidungsmerkmale zwischen operativen und strategischen Personalcontrolling 27

Tab. 4: Ergebnis- und prozessorientiertes Personalcontrolling 31

Tab. 5: Klassische und strategische personalwirtschaftliche Instrumente 31

Tab. 6: Personalkosten im engeren und weiteren Sinne 44

Tab. 7: Bewertung der Personalintensität nach Hauptbranchen 52

Tab. 8: Beispiel Personalentwicklungskostenanteil 60

Tab. 9: Abbildungsmöglichkeit einer Einzelkennzahl 75

Tab. 10: Dashboard zum Thema Gesundheit 78

Tab. 11: Ampel-Überwachungssystem bei Personalkennzahlen 81

Abkürzungsverzeichnis

Abb.	Abbildung
BSC	Balanced Scorecard
bzw.	beziehungsweise
DGFP	Deutsche Gesellschaft für Personalführung
d.h.	das heißt
etc.	et cetera (und so weiter)
f.	folgende (Seite)
ff.	fortfolgende (Seiten)
GKV	Gesamtkostenverfahren
GuV	Gewinn- und Verlustrechnung
PCO	Personalcontrolling
ROI	Return on Investment
Tab.	Tabelle
ua.	und andere(s)
UKV	Umsatzkostenverfahren
vgl.	vergleiche
zB	zum Beispiel

1 Einleitung

Hebt man das Personal als wichtigsten Erfolgsfaktor eines Unternehmens heraus, ist dies sicher keine Übertreibung, sondern eine logische Schlussfolgerung. Stellt man sich ein Unternehmen mit einer tollen Produktidee vor, mit ergiebigem Markt und leistungsfähigen materiellen Ressourcen, aber das Ganze ohne Personal, ist dies sicher kein erfolgreicher Betrieb.[1] In diesem Buch geht es grundsätzlich um den Umgang mit Personalkennzahlen sowie um ihre Relevanz in der Praxis.

1.1 Problemstellung

In jedem Unternehmen werden irgendwann Kennzahlen erarbeitet, aber nur in wenigen werden diese auch richtig interpretiert und verwendet. Leider ist es häufig so, dass wahllos irgendwelche Kennzahlen berechnet und diese isoliert voneinander interpretiert werden. Oft werden klassische Kennzahlensysteme wie zB das Du-Pont-Kennzahlensystem angewendet, aber diese versagen häufig in der Praxis. Gründe dafür gibt es zahlreiche: Es wird nur mit vergangenheitsorientierten und finanzwirtschaftlichen Kennzahlen gerechnet. Nichtmonetäre Kennzahlen fehlen oder die Kennzahlen werden wie schon erwähnt falsch interpretiert. Falsch wäre es auch so viele Kennzahlen wie möglich zu ermitteln, nach dem Motto viel hilft viel. Dadurch kommt es zu einer Informationsflut, die wenig hilfreich ist, bei der eigentlichen Steuerung des Unternehmens.

Der Nutzen von Kennzahlen sollte unter anderem sein, dass es Beurteilungen ermöglicht, in welchem Umfang die Aufgaben sowie die Ziele des Unternehmens erreicht werden bzw. bis dato erreicht wurden. Desweiteren sollten sie Ansatzpunkte für neue Planungen sowie Ziele dienen und Zusammenhänge mit Entwicklungstendenzen erkennen lassen. Eine weitere Funktion von Kennzahlen ist, dass man einen Überblick über die eigene Unternehmenssituation bekommt und damit auch Vergleiche zur Konkurrenz anstellen kann.[2]

Aufgrund von Kennzahlen können außerdem komplexe Sachverhalte in einer einzigen Zahl abgebildet werden und so kann schnell ein Überblick geschaffen[3]

---

[1] Vgl. Drumm (2008), S. 197.
[2] Vgl. Preißler (2008), S. 3 f.
[3] Vgl. Hoffmann (2013), S. 2.

werden. Die wenigsten Unternehmen haben überhaupt Personalkennzahlen eingeführt und wenn dann nur die gängigsten, obwohl der Faktor Personal wesentlich zum Unternehmenserfolg beiträgt. Empfohlen wird die Einführung von Personalkennzahlen ab einer Größe von 60 bis 80 Beschäftigten, ansonsten kann der Manager die Lage auch so überblicken.

Die Nutzung von Personalkennzahlen bringen noch weitere Vorteile zB erhält man einen Überblick über den Personalbestand und kann es hinsichtlich einer Alters- oder Qualifikationsstruktur analysieren. Das wiederum stellt eine gute Grundlage für die Personalbedarfsplanung dar. Desweiteren kann auch die Effektivität sowie die Effizienz der eingesetzten Maßnahmen im Personalbereich überprüft werden. Ein Beispiel hierzu wäre, dass es Hinweise auf die Effektivität der Personalbeschaffungs- und Personalarbeit gibt, aufgrund der Mitarbeiter, die nach der Probezeit im Unternehmen bleiben. Relevant ist auch, dass Personalkennzahlen als Frühindikator dienen, denn durch den Einsatz von Personalkennzahlen bekommt das Unternehmen Informationen über zukünftige personalwirtschaftliche Risiken und über die allgemeinen wirtschaftlichen Entwicklungen.[4]

Viele Unternehmen denken, dass der Einsatz von Personalkennzahlen zu viel Arbeitsaufwand ist, vor allem solche, die bis jetzt noch wenig mit Kennzahlen zu tun hatten. Dennoch ist es so, dass der Nutzen von Personalkennzahlen überwiegt und in diesem Fachbuch wird vor allem dieser Aspekt näher ins Auge gefasst.

1.2 Aufbau des Buches

Das vorliegende Buch gliedert sich in zwei Hauptkapitel. Einerseits wird ein Überblick über relevante Personalkennzahlen gegeben mit ihren Vor- und Nachteilen und andererseits wird der Nutzen der Verwendung von Personalkennzahlen näher erläutert.

Begonnen wird mit der Erarbeitung von Grundlagen wie die Arten des Kostenmanagements sowie deren Ziele und Aufgaben. Desweiteren wird der Begriff des Personalcontrolling definiert sowie die Unterscheidung von operativen und strategischen Personalcontrolling. Zum Abschluss werden noch die Ziele, die Aufgaben, das Instrumentarium des Personalcontrollings erläutert sowie das Arbeiten des Personalcontrollings mit Kennzahlen.

---

[4] Vgl. Hoffmann (2013), S. 2.

Im ersten Hauptteil werden zuerst die Personalkosten im Allgemeinen sowie die Personalkostenplanung erläutert. Daraufhin werden die einzelnen Personalbereiche mit deren Kennzahlen näher betrachtet sowie deren genaue Definition, die Berechnung und deren Vor- bzw. Nachteile.

Im zweiten Hauptteil geht es um die Anwendung von Personalkennzahlen in der Praxis. Näher eingegangen wird in diesem Zusammenhang auf die Themen: Expansion, Beurteilung der wirtschaftlichen Situation, Personalkennzahlen im Rahmen der Einführung der Balanced Scorecard sowie auf den Einsatz von Benchmarking im Personalbereich.

Das Fachbuch endet mit einem Fazit über Personalkennzahlen im Allgemeinen sowie deren Nützlichkeit und Grenzen.

1.3 Ziel des Buches

Zu den strategischen Wettbewerbsfaktoren eines Unternehmens zählt eine schnelle und richtige Informationsversorgung. Als Basis für die Unternehmensplanung- und kontrolle ist es wesentlich die für die eigene Geschäftstätigkeit relevanten Informationen bedarfsgerecht zu beschaffen, aufzubereiten und an die zuständigen Stellen zu verteilen. In diesem Zusammenhang sind Kennzahlen ein sehr geeignetes Instrument um Einzelinformationen zu einer Maßgröße zu verdichten und komplexe Sachverhalte zu vereinfachen. Demnach sollte der Einsatz von Kennzahlen ein zentraler Bestandteil von Informationssystemen im Unternehmen darstellen.

Im Finanzbereich hat sich die Nutzung von Kennzahlen im Gegensatz zu Personalkennzahlen echt früh etabliert. Diese werden meistens nur auf leicht messbare Sachverhalte begrenzt. Leider ist es häufig so, dass die Kennzahl Produktivität je Mitarbeiter einen festen Platz im Controlling hat hingegen zB Zahlen zur Messung der Mitarbeiterzufriedenheit eher die Ausnahme sind.

Eine Ursache dafür, dass so wenige Personalkennzahlen berechnet werden, ist sicherlich auch, dass sich der Erfolg bzw. Misserfolg in diesem[5]

Unternehmensbereich gleichermaßen aus quantitativ und qualitativ messbaren Einflüssen zusammensetzt.

---

[5] Vgl. Havighorst (2006), S. 5.

Das vorrangige Problem bzw. die größte Herausforderung besteht in der Übersetzung der qualitativen Informationen im Personalbereich in quantitative Größen.

Die vorrangigen Ziele dieses Buches sind die Berücksichtigung einiger relevanter Personalkennzahlen samt ihren Vor- bzw. Nachteilen sowie deren Grenzen. Es soll gezeigt werden wie diese berechnet werden und welchen Nutzen das Unternehmen durch die Interpretation erhält. Ein Schwerpunkt liegt auch auf die Praxisrelevanz dieser Kennzahlen. Veranschaulicht werden soll wie die Personalkennzahlen in bestimmten Unternehmenssituationen von Nutzen sein können. Im letzten Abschnitt wird gezeigt wie Personalkennzahlen als Frühwarnindikator in einem Unternehmen fungieren.[6]

---

[6] Vgl. Havighorst (2006), S. 5.

2 Grundlagen des Kostenmanagements

2.1 Abgrenzungen des Begriffs „Kostenmanagement"

Zum Einstieg in das Thema Kostenmanagement liefert die nachfolgende Abbildung eine Umfrage unter deutschen Großunternehmen. Hier wurden 98 deutsche Unternehmen befragt welche Ziele des Kostenmanagements in ihrem Unternehmen verfolgt werden. Absehbar ist die Antwort, die auf den ersten Platz ist, nämlich Kosten zu senken. Auf dem zweiten und dritten Platz geht es um die Erhöhung der Kostentransparenz sowie um die Stärkung des Kostenbewusstseins.[7]

	1996	2001
Kostensenkung	5,5	5,9
Erhöhung der Kostentransparenz	5,0	4,7
Stärkung des Kostenbewusstseins	5,4	4,6
Identifikation der Kostentreiber	5,4	4,6
Optimierung der Kostenstruktur (fix/variabel)	3,7	4,1
Vermeidung progressiver Kostenverläufe	3,0	2,5
Förderung degressiver Kostenverläufe	2,4	2,6

(1 = geringste Bedeutung, 7 = höchste Bedeutung)

Abb. 1: Umfrage Ziele des Kostenmanagements[8]

Aufgrund der zunehmenden Globalisierung der Wirtschaft und der daraus resultierende verschärfende Wettbewerbssituation erfordert mehr denn je ein ganzheitliches Kostenmanagement. In der Literatur kann unter dem Begriff des Kostenmanagements die zielorientierte Kostengestaltung unter der Prämisse, dass die Kosteneinflussgrößen und die funktionalen Abhängigkeiten bekannt sind, verstanden werden.[9] Eine Definition nach Horváth lautet: Kostenmanagement dient der „*Unterstützung des strategischen Planungs- und Kontrollprozesses mit bewerteten kunden- bzw. marktorientierten Produkt- und Prozessinformationen über den Ressourcenverbrauch.*"[10] Kajüter definiert Kostenmanagement als:"*die bewusste Beeinflussung der Kosten mit dem Ziel, die Wirtschaftlichkeit des Unternehmens zu erhöhen*".[11] Es gibt noch viele weitere Möglichkeiten was unter Kostenmanagement verstanden werden kann.

---

[7] Vgl. Franz/Kajüter (2002), S. 85.
[8] Quelle: Franz/Kajüter (2002), S. 85 (leicht modifiziert).
[9] Vgl. Heiß (2004), S. 9.
[10] Horváth/Brokemper (1998), S. 587.
[11] Kajüter (2000), S. 11.

Bezogen auf die Funktionen des Kostenmanagements kann man grundsätzlich nach informationsorientierten und gestaltungsorientierten Problemstellungen unterscheiden.[12] Bei informationsorientierten Konzeptionen geht es um die Versorgung des Managements mit Kosten bzw. Leistungs- und Erlösinformationen. Diese Konzeption gleicht sich aber im Grunde mit den meisten Controlling-Konzeptionen und wird deshalb nicht weiter vertieft.[13]

Die gestaltungsorientierte Konzeption stellt die zielorientierte Gestaltung von Kosten in den Mittelpunkt und wird immer als Führungsaufgabe verstanden. Zur Bewältigung dieser Problemstellung gibt es vier Lösungsansätze, die wiederum zu eigenständigen Konzeptionen führen. In der folgenden Abbildung kann man die konzeptionellen Ansätze des Kostenmanagements sehen, auf die allerdings im Rahmen dieses Fachbuches nicht weiter eingegangen wird.

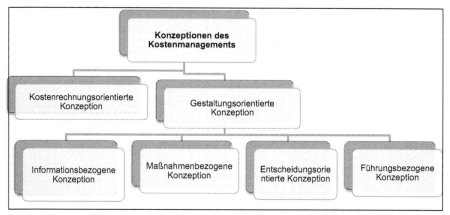

Abb. 2: Konzeptionelle Ansätze des Kostenmanagements[14]

In Unternehmen besteht jedoch die Gefahr Kostenmanagement falsch zu verstehen, indem Kostensenkungsprogramme als Antwort auf schlechte Ergebnis- und Auftragslage eingesetzt werden. Diese Maßnahmen sind meist kurzfristig sowie top-down angelegt und treffen daher auf wenig Akzeptanz bei den Mitarbeitern. Kurzfristig kann es gelingen Kosten zu senken, aber auf lange Sicht kann dadurch die Wettbewerbsfähigkeit gefährdet werden.[15]

---

[12] Vgl. Konle (2003), S. 7.
[13] Vgl. Schweitzer/Friedl (1999), S. 282 f.
[14] Quelle: Friedl (2009), S. 3 (leicht modifiziert).
[15] Vgl. Heiß (2004), S. 9.

Der richtige Einsatz von ganzheitlichem Kostenmanagement hingegen bewahrt vor übereilten Entschlüssen im operativen Tagesgeschäft, da eine grundlegende Analyse der Kostenverursachung sowie die Beurteilung der Auswirkungen von Maßnahmen zur Kosten- und Komplexitätsreduktion berücksichtigt werden.[16] In der Literatur wird hier oft vom proaktiven Kostenmanagement gesprochen.

Aufgrund der ständigen Markt- und Konkurrenzveränderungen im heutigen Umfeld ist es besonders wichtig schnell zu reagieren und flexibel zu sein. Bei vielen Unternehmen ist das Kostenmanagement aber lediglich eine Antwort auf Verfehlungen der Gewinnziele. Da auf diese Situationen meist schnell reagiert werden muss, sind die Unternehmen dazu gezwungen Maßnahmen zur Ergebnisverbesserung zu ergreifen. Dies wird als **reaktives Kostenmanagement** verstanden und ist nicht besonders nachhaltig, da die eigentliche Problemursache nicht behoben wird.

Besser ist der Einsatz vom **proaktiven Kostenmanagement** bei dem Präventivmaßnahmen getroffen werden, um schon ein Abdriften vom eingeschlagenen Pfad entgegenwirken zu können. Es wird versucht durch sorgfältige Umwelt- und Wettbewerbsanalysen frühzeitig Probleme anzuzeigen und dadurch die geeigneten Maßnahmen einzuleiten. Ein weiterer Grund sich um ein proaktives Kostenmanagement im Unternehmen zu bemühen, ist in der Praxis zu beobachten. Faktorpreise als Determinante der Stückkosten steigen zusehend. Begründet wird das zB dadurch, dass bei Tarifabschlüssen regelmäßig eine Lohnerhöhung zum Inflationsausgleich vereinbart wird. Im Gegensatz dazu sinken die Absatzpreise im Zeitablauf, da Wettbewerber mit ähnlichen sowie besseren Produkten am Markt teilnehmen und sich somit das Nachfrageverhalten verändert. Aufgrund dessen kann eine gegenläufige Preisentwicklung auf den Beschaffungs- und Absatzmärkten beobachtet werden, die wiederum zu sinkenden Unternehmensergebnissen führen. Die sechs Kriterien, die das nachhaltig wirkende proaktive Kostenmanagement kennzeichnen, sind nach Franz/Kajüter[17]: Marktorientierung, Ganzheitlichkeit, Antizipation, Kontinuität, Partizipation und Interdisziplinarität.[18]

---

[16] Vgl. Heiß (2004), S. 9.
[17] Vgl. Franz/Kajüter (2002), S. 4 ff.
[18] Vgl. Falkner (1998), S. 90.

Wesentlich ist die Beachtung der Zusammenhänge zwischen Kostenniveau, -verlauf und –struktur.[19] Durch Faktorpreise und –menge wird das **Kostenniveau** (Kostenhöhe) bestimmt und kann nur in bestimmten Grenzen vom Unternehmen selbst beeinflusst werden. Beispiel für die Einschränkung der Faktorpreise sind zB[20] die Löhne oder kalkulatorischen Abschreibungen. Die **Kostenstruktur** hingegen ist besser beinflussbar. Sie beinhaltet die Verhältnisse von variablen und fixen bzw. Einzel - und Gemeinkosten. Den größten Spielraum bietet jedoch der **Kostenverlauf**. In diesem Bereich können Economies of Scale und Erfahrungskurveneffekte genützt werden und es bieten sich vielversprechende Ansatzpunkte durch die Komplexitätsreduktion von Produkten, Produktionsprogrammen und betrieblichen Vorgängen.[21]

Die zentralen Objekte des Kostenmanagements sind Ressourcen, Prozesse und Produkte. Ausgangspunkt hierbei ist die Her- bzw. Bereitstellung von Produkten oder Dienstleistungen. Um diese herstellen zu können, werden Potenziale sowie Prozesse benötigt, für die wiederum Ressourcen erforderlich sind.[22] Die folgende Abbildung zeigt den Beziehungszusammenhang dieser Objekte.

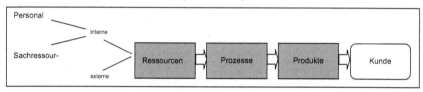

Abb. 3: Beziehungszusammenhang der Objekte des Kostenmanagements[23]

Um die Vielfalt der kostenbeeinflussenden Handlungen der drei Bereiche Ressourcen, Prozesse und Produkte zu veranschaulichen, befindet sich auf der nächsten Seite eine Abbildung mit möglichen Maßnahmen zur Gestaltung von Kostenniveau (Kostenhöhe) und Kostenstruktur sowie den wesentlichen Zielen des Kostenmanagements.

---

[19] Vgl. Heiß (2004), S. 9.
[20] Vgl. Schehl (1994), S. 231.
[21] Vgl. Murjahn (2004), S. 15.
[22] Vgl. Brecht (2005), S. 11.
[23] Quelle: Franz/Kajüter (1997), S. 12 (leicht modifiziert).

	Kostenniveau	Kostenverlauf	Kostenstruktur
Änderungen	• Senkung des Niveaus der entscheidungsrelevanten Kosten durch Fixkostenanstieg • Generelle Kostenniveausenkung durch Wettbewerbsintensivierung • Verschärfung der Kostenintensität durch steigende Faktorpreise	• Hohe Innovationsrate, abnehmende Produktlebenszeiten und steigende Produktentwicklungszeiten führen zur Verkürzung der Pay-off-period • Investitionsintensive Technologien führen zum Anstieg der Vorlaufkosten • Gesetzliche Regelungen machen eine Berücksichtigung der Nachlaufkosten notwendig • Periodenbezogenheit der Kostenrechnung führt zu Zurechnungsproblemen	• Fixkostenanstieg bzw Anstieg der Starrheit der Kostenstrukturen durch investitions- und kostenintensive Technologien • Verbesserte Technologien (Rationalisierung, Automatisierung, Verkürzung der Bearbeitungszeiten etc) führen zur Verlagerung von produktiven auf dispositiven Tätigkeiten, was einen • Gemeinkostenanstieg zur Folge hat. • Materialkostenanstieg durch sinkende Fertigungstiefe • Automatisierung, Flexibilisierung und gestiegene Kundenanforderungen führen zu Variantenanstieg, was einen Anstieg der Erlös- und Kostenträger zur Folge hat.
Ziel	Reduzierung der angefallenen Kosten	Optimierung/Flexibilisierung der Kostenreagibilität	Optimale Allokation/Verwendung/ Dimensionierung der Kosten
Einflussfaktoren	• Menge der Produktionsfaktoren • Wert der Produktionsfaktoren	• Beschäftigung • Technik • Lernen/Erfahrung • Sprünge durch Unstetigkeit im Wertgerüst, Komplexität • Remanenz/Präkurrenz der Kostenänderung	• Zeitlicher Horizont des Kostenanfalls (variabel/fix) • Zurechenbarkeit der Kosten (einzel/gemein) • Entstehungszusammenhang (primär/sekundär)

Tab. 1: Dimensionen und Gestaltungsmöglichkeiten des Kostenmanagements[24]

---

[24] Quelle: Möller (2002), S. 35 ff (leicht modifiziert).

2.2 Gestaltungsbereiche des Kostenmanagement

Das Kostenmanagement sollte im Fokus der gesamten Wertschöpfungskette stehen, da wie schon im Kapitel 2.1 alle Bereiche Ressourcen, Prozesse und Produkte betroffen sind. Die nachfolgende Tabelle zeigt die Ansatzpunkte des Kostenmanagements.

Kosten		
Ressourcen	**Prozesse**	**Produkte**
• Faktormenge • Faktorpreise • Faktorqualitäten • Kapazitätsauslastung • Betriebsgröße	• Leistungstiefe • Ablauforganisation	• Komplexität der Produkte • Teilevielfalt • Variantenvielfalt • Produktqualität • Produktänderungen

Tab. 2: Ansatzpunkte des Kostenmanagements[25]

In den folgenden drei Unterkapiteln wird auf die einzelnen Objekte des Kostenmanagements genauer eingegangen.

2.2.1 Produktorientiertes Kostenmanagement

Beim produktorientierten Kostenmanagement geht es um die gezielte und effiziente Gestaltung kostenverursachender Produktmerkmale durch die Einflussnahme auf Entscheidungen dieser Merkmale.[26]

Ehrlenspiel, Kiewert und Lindemann wollen in ihrem Werk „Kostengünstiges Entwickeln und Konstruieren" auf das Kostensenken von Produkten aufmerksam machen. Das ist ohne Frage kein neuer Weg und spätestens seit der Popularität von Target Costing wieder modern geworden. Es wird davon ausgegangen, dass im Anfangsstadium d.h. beim Entwickeln und Konstruieren bereits 90 % der Kosten determiniert werden. Das bedeutet, wenn hier Fehler passieren, können diese nur schwer rückgängig gemacht werden.[27]

---

[25] Quelle: Brecht (2005), S. 11 (leicht modifiziert).
[26] Vgl. Götze (2000), S. 267.
[27] Vgl. Ehrlenspiel et al. (2007), S. 1.

Hierbei ist aber das Problem, dass die Kostenerfassung bzw. –beurteilung nur sehr begrenzt möglich ist.[28] Eine Möglichkeit dem entgegenzuwirken ist beispielsweise eine entwicklungsbegleitende Kalkulation, die auf Grundlage von Schätzmodellen das Informationsdefizit verkleinert.[29]

Unternehmen werden in der heutigen Zeit vor einigen Herausforderungen in der Produktion gestellt aufgrund immer wachsender Konkurrenz sowie der Markttransparenz und der immer kürzeren Produktlebenszyklen. Ein großes Problem ist hierbei, dass keine Produkte mehr mit maximal technologischen Lebenszeiten produziert werden, sondern vielmehr die Frage im Raum steht wie man Kosten, Eigenschaften und Qualität miteinander in einen Kompromiss bringen kann.

Hierbei ist das Instrumentarium des **Target Costing,** was auch Zielkostenrechnung sowie Zielkostenmanagement genannt wird, ein möglicher Lösungsweg, da hier nicht auf die Frage „was wird das Produkt kosten" geantwortet wird, sondern auf „was darf das Produkt aus Kundensicht kosten".[30] Laut Horváth ist das Target Costing *„ein umfassendes Bündel an Kostenplanungs-, Kostenkontroll- und Kostenmanagementinstrumenten, die schon in den frühen Phasen der Produkt- und Prozessgestaltung zum Einsatz kommen, um die Kosten frühzeitig im Hinblick auf die Marktanforderungen gestalten zu können".*[31]

Ausgangspunkt beim Target Costing sind die Kundenwünsche bezüglich der Gestaltung der Produktfunktionen und –komponenten auf dem Markt. Der letztendliche Preis und die damit verbundenen Kosten werden am Markt ausgerichtet, damit das Produkt selbst bzw. der Preis angenommen wird, um spätere Kosten durch Produktrücknahmen zu vermeiden. Ein wesentlicher Punkt ist die Kostenbeeinflussung in den frühen Phasen der Produktentwicklung. In der Anfangsphase sollen die Kosten und Kostenstrukturen dahingehend beeinflusst werden, dass das Produkt am Markt bestehen kann und darüber hinaus auch bei starkem Wettbewerbsdruck die Produktrentabilität erhalten bzw. gesteigert werden kann.[32]

---

[28] Vgl. Ehrlenspiel et al. (1996), S. 69 ff.
[29] Vgl. Horváth et al. (1996), S. 53 ff.
[30] Vgl. Horváth (2009), S. 479
[31] Horváth et al. (1993), S. 4.
[32] Vgl. Seidenschwarz (2008), S. 617.

Angestrebt wird eine kontinuierliche Verbesserung der Kostensituation und aller Unternehmensprozesse. Target Costing dient aber auch der Unterstützung bei der Strategie und der gesamten Steuerung des Unternehmens, indem bestehende Verfahren und Technologien hinterfragt und verändert werden. Die gesamte Wertschöpfungskette eines Unternehmens wird hinsichtlich der Markt- und Kostenorientierung gesteuert und koordiniert.

Bei der Anwendung dieses Instruments werden zuerst die Kundenwünsche analysiert, daraufhin werden die Zielkosten ermittelt und anschließend gespalten. Im vorletzten Schritt wird die Zielerreichung durch die Zielkostenlücke kontrolliert und zu guter Letzt wird ein Zielkostendiagramm erstellt.[33] Der gesamte Prozess des Target Costing wird in der darunterliegenden Grafik gezeigt.

Abb. 4: Prozessschritte des Target Costing[34]

Ein weiteres Instrument des produktorientierten Kostenmanagement ist die **Lebenszykluskostenrechnung**.

Wie schon erwähnt wird der Produktlebenszyklus immer kürzer und dadurch wird der Zeitraum für die Gewinnrealisierung auch geringer. Bei der Lebenszykluskostenrechnung werden die Kosten und Erlöse wie beim Modell Target Costing bereits in der Entwicklungsphase analysiert und prognostiziert. Aufgrund dessen ermöglicht sie eine aufbauende Kostenplanung und –beeinflussung.[35]

Ein wesentliches Merkmal für die Lebenszykluskostenrechnung ist, dass sie periodenübergreifend, langfristig und ganzheitlich orientiert ist. Sie versucht die totalen Kosten, die auch als Lebenszykluskosten bezeichnet werden, zu erfassen. Darunter fallen die gesamten Produktkosten, Kosten des Systems oder Projektkosten während seiner ganzen Lebensdauer inklusive der Kosten, die in anderen[36]

---

[33] Vgl. Buggert/Wielpütz (1995), S. 48-49.
[34] Quelle: Brünger/Faupel (2010), S. 171 (leicht modifiziert).
[35] Vgl. Riezler (1996), S.8.
[36] Vgl. Heise (2009), S. 94 f.

Unternehmensbereichen angefallen sind. Die totalen Kosten sind demnach die Vorlaufkosten, Leistungsprozesskosten sowie die Folgekosten. Die primäre Aufgabe ist die Planung, Steuerung und Kontrolle der Lebenszykluskosten eines Kostenträgers. Um dies erfüllen zu können, müssen die gesamten Kosten und Erlöse eines Produktes im Laufe der Lebenszyklusphasen systematisch erfasst werden. Aufgabe der Lebenszykluskostenrechnung ist auch festzustellen, ob ein Kostenträger, die im Laufe seines Lebens verursachten Kosten, voraussichtlichen wieder erwirtschaften kann. Deshalb müssen nicht nur die totalen Kosten, sondern auch die total Erlöse ermittelt werden.

Hauptziel der Lebenszykluskostenrechnung ist nicht die Reduzierung der Herstellungskosten wie bei anderen konstruktionsbegleitenden Kalkulationen, sondern die Reduzierung der totalen Kosten.[37]

Drittes Instrument ist die von General Electric in den 1950er entwickelte **Wertanalyse,** die der Steigerung des Kosten-Nutzen-Verhältnisses von Wertanalyseobjekten dient. Die Analyseschritte in einem Arbeitsplan sollen zur Kostensenkung sowie zur Leistungssteigerung bei konstanten oder größer werdenden Kosten beitragen. Bei einer Untersuchung von 800 Wertanalyseobjekten konnte die Wirksamkeit nachgewiesen werden. Die Herstellungskosten sanken bis zu 23 %.[38]

Grundgedanke dahinter ist die Verbesserung des Verhältnisses zwischen Wert des Produktes bzw Kostenwert. Zu beachten sind zwei Sichtweisen zwischen Hersteller und Abnehmer diesbezüglich. Dem Abnehmer geht es im Gegensatz zum Hersteller beim Wert um die niedrigsten Kosten.[39] Die Methodik der Wertanalyse beinhalte sechs Schritte, die verfolgt werden. Erstens muss das Projekt vorbereitet werden und die Objektsituation muss analysiert sowie der Sollzustand beschrieben werden. Daraufhin folgt die Entwicklung von Lösungsideen sowie die Festlegung und Umsetzung von Lösungen.[40]

---

[37] Vgl. Heise (2009), S. 94 f.
[38] Vgl. Franz/Kajüter (2002), S. 9.
[39] Vgl. Burger/Schellberg (1995), S. 146.
[40] Vgl. Zentrum Wertanalyse (1995), S. 5.

2.2.2 Prozessorientiertes Kostenmanagement

Grundlegend bei diesem Kapitel ist eine allgemeine Definition zum Begriff Prozess. Ein Prozess ist „*eine Folge von Aktivitäten [...], die sachlogisch miteinander verbunden sind und zu einem bestimmten Arbeitsergebnis führen*".[41] Es gibt bei einem Prozess immer mindestens einen Lieferanten, der den erforderlichen Input bereitstellt und dadurch kommt ein Prozess in Gang. Um ein vom Prozesskunden gewünschtes Ergebnis zu bekommen, wird dieser Input mit dem Ziel kombiniert und transferiert. Der Abschluss des Prozesses ist die Übergabe an den jeweiligen Prozesskunden.[42]

Das prozessorientierten Kostenmanagement gehört zum Gestaltungsbereich des Kostenmanagements in einem Unternehmen. Es hat zwei wesentliche Aspekte: den Prozesswert als Gestaltungsobjekt und die Kosten beeinflussenden Prozessmerkmale als Gestaltungsparameter.

Damit der **Prozesswert** erhöht werden kann, gibt es drei verschiedene Wege. Erstens kann versucht werden bei unveränderter interner Leistung eine Kostensenkung durchzuführen und damit erreicht man einen gleichbleibenden Kundennutzen. Eine weitere Möglichkeit ist die Senkung der Kosten durch den Abbau interner Leistungen bei weiterhin unverändertem bzw. abnehmendem Kundennutzen, die jedoch unter der Kostensenkung liegt. Letzter Weg, der beschritten werden kann, ist die Verbesserung der internen Leistung und daraus resultierender Zunahme des Kundennutzens bei konstanten Kosten.

Der Kundennutzen wird durch die Funktionalität und die Qualität des Prozesses bestimmt. Funktionalität bedeutet die Prozesswirkungen, die zur Befriedigung von Kundenbedürfnissen dienen und betreffen die Outputmerkmale sowie die Kundenunsicherheit bezüglich der anforderungsgerechten Outputbereitstellung. Unter Qualität wird das Niveau dieser Wirkungen verstanden. Ein Merkmal für die Funktionalität ist bei den Kosten, die der Output eines Prozesses bei seinem Kunden verursacht, beispielsweise die Lagerhaltungskosten. Ein Qualitätsmerkmal hingegen ist die Höhe dieser Kosten.[43]

---

[41] Franz/Kajüter (2002), S. 22.
[42] Vgl. Corsten (1997), S. 17.
[43] Vgl. Friedl (2009), S. 203 ff.

Zu den kostenbeeinflussenden **Prozessmerkmalen** zählen: die Prozessstruktur, der Prozessablauf sowie die Prozessträger.[44] Bei der Prozessstruktur geht es um die Art und Anzahl der Unternehmensprozesse. Kennzeichnen lässt sich die Art des Prozesses durch die Prozesslieferanten, den Prozessinput, die Aktivität aus denen er besteht, den Prozessvollzug, die Funktionalität und Qualität des Prozessoutputs sowie die Prozesskunden.

Der Prozessablauf wird durch die Reihenfolge der Prozessvollziehung, ihrer Terminierung und die Zuordnung zu einem Vollzugsort bestimmt. Jede Aktivität eines Prozesses wird einem Prozessträger zugeordnet.

Im Rahmen der Prozessgestaltung wird die Herkunft des Prozessträgers samt seiner Kompetenz und seiner Instanz, der er untergeordnet ist, festgelegt. Unterschieden werden kann bei der Herkunft des Prozessträgers zwischen unternehmensinternen und –übergreifenden Prozessen. Bei unternehmensübergreifenden Prozessen werden die Aktivitäten gemeinsam mit einer oder mehreren Unternehmungen ausgeführt. Zu Unternehmungen zählen in diesem Zusammenhang Lieferanten, Co-Lieferanten, Kunden sowie Co-Kunden. Bei Co-Lieferanten handelt es sich um nicht konkurrierende Unternehmungen zB ein Joghurt- und ein Butterhersteller und bei Co-Kunden handelt es sich um Unternehmungen, die bei der Beschaffung von einem Lieferanten kooperieren.[45]

Ziel des prozessorientierten Kostenmanagement ist die Optimierung von Prozessen. Bei der Prozessoptimierung kann zwischen kontinuierlicher Prozessverbesserung und Prozessreorganisation unterschieden werden. Grundlegend für eine permanente Optimierung ist die aus Japan stammende Kaizen-Philosophie. Hierbei kommt es zu einer ständigen Verbesserung bestehender Prozesse mit Einbeziehung der Mitarbeiter. Bei der Prozessreorganisation werden in unregelmäßigen Abständen die Prozesse neugestaltet um schnelle Kostensenkungsziele zu erreichen.[46]

Innerhalb der Prozessoptimierung gibt es viele Instrumente, die zur Anwendung kommen zB das Benchmarking von Prozessen; auf das wird im Kapitel 3.4 näher eingegangen.

---

[44] Vgl. Wild (1966), S. 119 ff.
[45] Vgl. Hammer (2009), S. 230 sowie Vgl. Friedl (2009), S. 203 ff.
[46] Vgl. Franz/Kajüter (2002), S. 22 f.

Eine weitere Möglichkeit für eine Prozessoptimierung ist die Anwendung der Prozesskostenrechnung. Grundidee dahinter ist, dass die Gemeinkosten nach dem Verursachungsprinzip zugeordnet werden, d.h. nicht nach freiwählbaren Zuschlagssätzen, sondern nach der tatsächlichen Inanspruchnahme.[47] Bei der Prozesskostenrechnung werden verschiedenartige Aktivitäten in einer Kostenstelle ausgeführt, wobei jede Art von Aktivität als Teilprozess beschrieben wird. Diese Teilprozesse wiederum werden zu Hauptprozessen zusammengeführt.[48]

2.2.3 Potenzial- und ressourcenorientiertes Kostenmanagement

Die wichtigsten Kostentreiber hinsichtlich der Ressourcen sind die Material- und die Personalkosten, die Kosten entstehen hierbei beim Verbrauch von Ressourcen. Steuerbar sind sie über den Kaufpreis und die Menge. Direkt beeinflusst werden diese Kosten durch die Minimierung des Ressourceneinsatzes bei gegebenen Produkt- und Prozesseigenschaften. Indirekte Beeinflussung erfolgt über eine effizientere Produkt- und Prozessgestaltung.

Bei den Materialkosten, die zum größten Teil variabel sind, ist vor allem das Lieferantenmanagement essentiell wichtig. Beeinflusst werden können sie durch die Art und die Anzahl von Lieferantenbeziehungen. Je weniger Lieferanten benötigt werden, desto geringer sind die Logistikosten. Bei den Personalkosten handelt es sich überwiegend um Fixkosten. Um das Problem zu umgehen, dass sich die fixen Personalkosten nur mit zeitlicher Verzögerung an Beschäftigungsschwankungen anpassen lassen, ist es ratsam Überkapazitäten durch flexible Arbeitsmodelle auszugleichen sowie befristete Arbeitsverträge zu vergeben.[49]

Basis eines ressourcenorientierten Kostenmanagement ist die Einflussnahme auf die Kostenstruktur durch Umwandlung von fixen in variablen Kosten und die Verringerung des Kostenniveaus.[50]

---

[47] Vgl. Reckenfelderbäumer (1998), S. 23.
[48] Vgl. Burger (1994), S. 154.
[49] Vgl. Welge/Peschke (2003), S. 123.
[50] Vgl. Kajüter (2000), S.197 f.

2.3 Aufgaben des Kostenmanagements

Die Aufgaben des Kostenmanagements können grob in sach-, struktur- und personenbezogene Aufgaben unterteilt werden.

Sachbezogene Aufgaben setzen an der Planung und Steuerung von kostenwirksamen Prozessen an. Desweiteren gehört das Performance Measurement dazu, bei dem gemessen werden soll, inwiefern die einzelnen Verantwortungsbereiche diese Vorgaben umgesetzt bzw. erfüllt haben. Aufgrund des technischen Fortschritts oder eines Strategiewechsels ist es auch wichtig, die laufenden Prozesse, Ressourcen und Produkte ständig zu überwachen, auf Optimalität zu prüfen und wenn nötig Rationalisierungsprozesse einzuleiten.[51]

Der zweite Bereich sind die **strukturbezogenen Aufgaben** des Kostenmanagements. Die Unternehmenskultur, die Unternehmensgrundsätze und das Führungssystem schaffen einen institutionellen Rahmen eines Unternehmens. Dieser kann, bezogen auf die Effizienz, eine systembedingte Barriere darstellen. Mögliche Probleme können unklare bzw. zu wenig zugewiesene Kostenverantwortungen sein, falsche Anreize, die gewährt werden, sowie steigende Kosten, denen nicht die erforderliche Aufmerksamkeit zukommt.[52]

Zuletzt gibt es noch personenbezogene Aufgaben, die vom Kostenmanagement, aufgrund personenbedingter Barrieren, bewältigt werden müssen. Aufgabe des Kostenmanagements ist es diese Barrieren zu überwinden und dadurch die Realisation der Vorgaben sowie die Chancen, die sich bieten wahrzunehmen, um die Effizienzgestaltung zu sichern.[53]

---

[51] Vgl. (2009), S. 51 ff.
[52] Vgl. KPMG (2007),S. 4 ff.
[53] Vgl. Friedl (2009), S. 51 ff.

3 Personalcontrolling

3.1 Definition des Begriffs „Personalcontrolling"

Anfang der 80er-Jahre etablierte sich eine neue betriebswirtschaftliche Funktion im deutschsprachigen Raum, das Personalcontrolling.[54]

Es gibt in der Literatur unzählige Definitionen des Begriffs Personalcontrolling und die meisten stammen aus wissenschaftlichen Quellen.[55] Eine mögliche Definition ist *„Personalcontrolling ist die auf den Erfolg der Unternehmung ausgerichtete Planung, Kontrolle und Steuerung personalwirtschaftlicher Maßnahmen."*[56] Nach Meinung der deutschen Gesellschaft für Personalführung (DGFP) umfasst das Personalcontrolling alle Maßnahmen zur Messung und Steuerung eines optimalen Verhältnisses von Personalaufwand und Personalleistung unter Berücksichtigung der wirtschaftlichen Entwicklung des Unternehmens.[57]

Die letzte Definition, die ich noch erwähnen möchte, ist folgende: „Personalcontrolling erstreckt sich auf die Gestaltung, Überwachung, Integration und Koordination von Systemen der Planung, Kontrolle und Informationsversorgung im personalwirtschaftlichen Führungssystem, auf deren koordinierten Betrieb sowie auf die ständige Weiterentwicklung und Anpassung dieser Systeme an sich ändernde Rahmenbedingungen."[58]

Personalcontrolling hat sich heutzutage als wichtiges Element des Personalmanagements etabliert. Die DGFP hat 2007 eine Befragung in verschiedenen deutschen Unternehmen zu diesem Thema durchgeführt und in 8 von 10 Betrieben hat das Personalmanagement in den letzten fünf Jahren immens an Bedeutung gewonnen. Dafür gibt es viele Gründe, vor allem, dass die Personalfragen in der Unternehmungsentwicklung eine große Rolle spielen und daher auch in den Chefetagen immer wichtiger werden. Bei Bonitätsprüfungen bei Banken oder auch bei Unternehmensbewertungen von Wirtschaftsprüfern wird immer häufiger auf Personalaspekte Bezug genommen.[59]

---

[54] Vgl. DGFP (2009), S. 15.
[55] Vgl. Wunderer/Jaritz (1999), S. 11.
[56] Berthel/Becker (2007), S. 517.
[57] Vgl. DGFP (2007), S. 5.
[58] Vgl. Metz (1995), S. 17.
[59] Vgl. DGFP (2009), S. 19.

Grundsätzlich kann der Ablaufprozess des PCO folgendermaßen dargestellt werden:

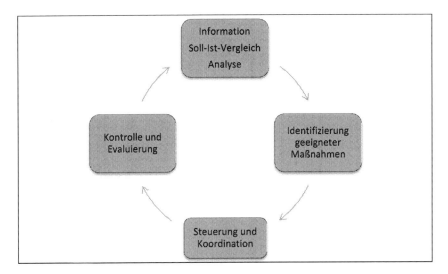

Abb. 5: Ablaufprozess PCO[60]

3.2 Operatives und strategisches Personalcontrolling

Beim Personalcontrolling kann man zwischen einer operativen sowie strategischen Ausrichtung unterscheiden.

Das operative PCO ist vor allem durch seinen Gegenwartsbezug sowie an der Orientierung am Tagesgeschäft gekennzeichnet.[61] Es umfasst vor allem die Koordination der Personalbedarfs- und kostenplanung sowie mittelfristige Maßnahmenplanungen mit den Schwerpunkten Prozesskoordination und Evaluierung.[62]

---

[60] Quelle: Gmelin (1995), S. 4 (leicht modifiziert).
[61] Vgl. Gerpott/Siemers (1995), S. 12.
[62] Vgl. Piontek (2005), S. 238 ff.

Die wichtigsten Aufgaben hierbei sind:

- Personalplanungs- und Kontrollsystem (zB Personalbedarfsplanung, Personalbeschaffungsplanung und Personaleinsatzplanung)
- Informationsversorgung (zB Personalbestandsrechnung, Personalkostenrechnung und Fluktuationskosten) und
- Wirtschaftlichkeitsuntersuchungen (zB Personalinvestitionsrechnung, Nutzwertanalysen und Wirtschaftlichkeitsanalysen zu Personalmaßnahmen).[63]

Kurz gesagt geht es beim operativen Personalcontrolling um die Unterstützung des operativen Managements, die primär handlungsbezogen auf wiederkehrende Arbeitsvorgänge und Aufgabenstellungen ausgerichtet ist. Wesentlich ist hier der Einsatz der geeigneten Instrumente, um die Effizienz der operativen Personalaktivitäten zu hinterfragen und geeignete Steuerungsimpulse für einen ergebnisorientierten Ressourceneinsatz zu geben.[64]

Im Gegenzug dazu dient das strategische Personalcontrolling als Unterstützungsfunktion des strategischen Personalmanagements. Es befasst sich mit den Aufgaben, die zur Umsetzung der Unternehmensstrategie im Personalmanagement geleistet werden. Desweiteren wird untersucht inwieweit die Unternehmensziele in Hinblick auf das Personalmanagement gewährleistet werden kann. Bewerkstelligt wird dies indem die Aktivitäten zur Steuerung des Aufbaus, der Weiterbildung und der Nutzung von Humanressourcen bewertet und kontrolliert werden.[65]

Das strategische PCO soll zur langfristigen Zukunftssicherung des Unternehmens beitragen, indem die Humanressourcen optimal eingesetzt und gesteuert werden. Hierbei ist es wichtig, dass die strategischen Unternehmensziele mit den strategischen Personalzielen koordiniert werden, um die Zukunftsherausforderungen meistern zu können.[66]

Die Abbildung auf der nächsten Seite zeigt die idealtypischen Unterschiede zwischen operativen und strategischen Personalcontrolling.

---

[63] Vgl. Hoss (1993), S. 479.
[64] Vgl. DGFP (2009), S. 22 f.
[65] Vgl. Armutat (2010), S. 22.
[66] Vgl. Papmehl (1990), S. 129.

Operatives Personalcontrolling	Differenzierungsmerkmale	Strategisches Personalcontrolling
Wirtschaftlichkeit, Erfolg, Gewinn (quantitativ, quantifiziert)	**Zielgrößen**	Erfolgspotentiale, Existenzsicherung (qualitativ)
Ertrag, Kosten/Aufwand, quantifizierte Gütekriterien für "Produkte" des Personalbereichs	**Dimensionen**	Stärken - Schwächen Chancen - Risiken
Primär unternehmensorientiert	**Einbezug unternehmensexterner Entwicklungen (Blickrichtung)**	Primär umweltorientiert
weniger oft	**Proaktivität (frühzeitiges Agieren ohne starken externen Handlungsdruck)**	eher häufig
niedrig, Beachtung von Details	**Komplexitätsreduzierung/ Abstraktionsgrad**	hoch, bewusste Vernachlässigung von Details
mittel bis hoch	**Formalisierungsgrad**	niedrig
mittel- bis kurzfristig	**zeitliche Ausrichtung**	langfristig
analytisch, inkremental, monokausale Wirkungsketten	**Denkmuster der Controllingträger**	synoptisch, radikal, multikausale Wirkungsnetze
unteres bis mittleres Management	**Hierarchische Einordnung der unterstützten Entscheidungsträger**	oberes Management

Tab. 3: Idealtypische Unterscheidungsmerkmale zwischen operativen und strategischen Personalcontrolling[67]

---

[67] Quelle: Gerpott/Siemers (1995), S. 12 (leicht modifiziert).

3.3 Ziele und Aufgaben des Personalcontrollings

Es gibt eine Vielzahl an Literatur, dennoch gibt es keine einheitlichen Zieldefinitionen zum Thema Personalcontrolling. Vielmehr muss jedes Unternehmen selber Ziele definieren, die sinnvoll sind.

Mögliche Ziele des Personalcontrollings:

- Ein Ziel des Personalcontrollings sollte die Unterstützung der Personalwirtschaft bzw. Personalplanung sein. Es sollten Voraussetzungen geschafft und die Durchführung gewährleistet werden, um vor allem die Effektivität und die Effizienz im Personalwesen zu erhöhen.
- Wesentliches Ziel sollte auch die Verbesserung der Informationsversorgung im Personalwesen sein. Grund dafür ist die immer größer werdende Datenmenge sowie die Zunahme von Bedeutung und Aufgabenumfang des betrieblichen Personalwesens. Es ist wichtig die Informationsauswahl adäquat aufzubereiten, zu verknüpfen und zu verdichten.
- Die Unterstützung bei der Verbesserung und Sicherung der Koordination sollte auch ein Ziel des Personalcontrollings sein, da es immer mehr Aufgaben gibt, aber auch da die Personalarbeit immer spezialisierter sowie dezentralisierter geschieht.[68]
- Senkung der Personalkosten
- Erhöhung der Arbeitsproduktivität[69]
- Letztes Ziel, das noch erwähnt werden sollte, ist die Erhöhung der Flexibilität, denn durch die laufende und systematische Beobachtung kann die notwendige Reaktions- sowie Anpassungsfähigkeit erhöht werden. Das wiederum führt dazu, dass auf die Chancen und Risiken besser und schneller eingegangen werden kann.[70]

---

[68] Vgl. Jung (2007), S. 532 f.
[69] Vgl. Berthel (2004), S. 1441 ff.
[70] Vgl. Jung (2007), S. 532 f.

Um diese Ziele erreichen zu können, gibt es fünf funktionsspezifische Aufgaben an das Personalcontrolling:

- Verbesserung und Sicherstellung der Informationsversorgung und Berichterstattung

Die Aufgabe des Personalcontrollings ist das Ermitteln des Informationsbedarfs, Beschaffung der entsprechenden Informationen, bereitet diese auf und übermittelt die entscheidungsrelevanten Informationen an Personalverantwortliche und Vorgesetzte. Daraus folgen auch noch weitere Aufgaben, nämlich die Planung, Implementierung, Nutzung und kontinuierliche Aktualisierung von Informationssystemen.

- Schaffung von Transparenz in den Personal- und Personalkostenstrukturen

Hierbei sollte Transparenz über den Erfolg einzelner Maßnahmen durch zB eine Kosten-Nutzen-Analyse erzeugen.

- Früherkennung von Personalchancen und –risiken liefern

Interne und externe Einflüsse sollten beobachtet werden bzw. durch bestimmte Indikatoren personalwirtschaftliche Entwicklungen vorausgesagt werden. Dadurch kann das Unternehmen schnell reagieren und die geeigneten Maßnahmen ergreifen.

- Koordination von personalwirtschaftlichen Funktionen

Teilaufgaben der Personalarbeit müssen vom Personalcontrolling überwacht und abgestimmt werden.

- Führungskräfte bei Entscheidungen unterstützen

Die Aufgabe des Personalcontrollings ist es, die Führungskräfte bei Entscheidungen zu unterstützen zB durch die Veranschaulichung von verschiedenen Szenarien bei der Einsetzung bestimmter Maßnahmen.[71]

---

[71] Vgl. Armutat (2010), S. 25 ff.

Es stellt sich die Frage welche Hauptaufgaben in den verschiedenen Unternehmen vom Personalcontrolling erledigt werden. Nachfolgende Abbildung zeigt eine repräsentative Umfrage in der hervorgeht, dass zu den wichtigsten Aufgaben das Vorbereiten von Informationen für strategische Entscheidungen und das transparent machen von Personalkosten gehören.

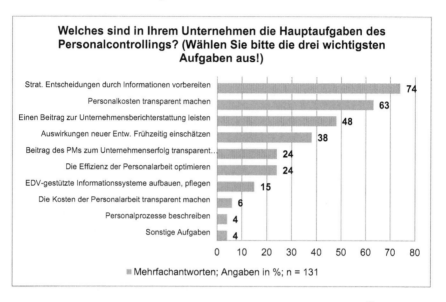

Abb. 6: Umfrage zu den Hauptaufgaben im Personalcontrolling[72]

3.4 Instrumentarium des Personalcontrollings

Für ein optimales Personalcontrolling benötigt man den Einsatz geeigneter Instrumente, die es einem Personalcontroller ermöglichen auf externe und interne Daten zuzugreifen, Daten zu analysieren sowie Analyseergebnisse aufzubereiten.[73]

Wie bei den Zielen gibt es auch hier in der Literatur keine einheitliche Auflistung welche Instrumente im Personalcontrolling zur Anwendung kommen. Nach *Oechsler*[74] kann man bei den Instrumenten zwischen ergebnis- und prozessorientierten Personalcontrolling unterscheiden.

---

[72] Vgl. Deutsche Gesellschaft für Personalführung (2007), S. 10 (leicht modifiziert).
[73] Vgl. Schulte (2002), S. 1.
[74] Vgl. Oechsler (2000), S. 195 ff.

Ergebnisorientiertes Personalcontrolling	Prozessorientiertes Personalcontrolling
• Personalkostenstrukturanalyse	• Auditierung
• Funktionskostenstrukturanalyse	• Prozesskostenrechnung
• Kennzahlen bzw. Kennzahlensysteme	• Target-Costing
• Budgetierung	• Benchmarking

Tab. 4: Ergebnis- und prozessorientiertes Personalcontrolling[75]

Wunderer/Schlagenhaufer[76] unterteilen die Instrumente dagegen in klassisch und strategisch.

Klassische personalwirtschaftliche Instrumente	Strategische personalwirtschaftliche Instrumente
• Personal- bzw. Leistungsbeurteilung	• Szenario-Technik
• Personal-Portfolios	• Soll/Ist-Vergleiche
• Assessment-Center	• Frühwarnsysteme
• Mitarbeiterbefragungen	• Stärken-Schwächen- Analyse

Tab. 5: Klassische und strategische personalwirtschaftliche Instrumente[77]

Welche Instrumente man verwendet, hängt auch hier von dem jeweiligen Unternehmen ab. Die klassischen Instrumente, die in der Literatur am häufigsten vorkommen, sind: das Berichtswesen, Kennzahlen, Kostenanalyse, Benchmarking, Balanced Scorecard, Swot-Analyse, Mitarbeiterbefragung und die Prozesskostenrechnung. Drei Instrumente werden nachfolgend noch kurz erläutert. Kennzahlen hingegen werden im Hauptteil noch ausreichend diskutiert.

Unter **Benchmarking** versteht man zukunftsbezogenes Planen und Handeln.[78][79]

---

[75] Quelle: Oechsler (2000), S. 195 ff (leicht modifiziert).
[76] Vgl. Wunderer/Schlagenhaufer (1994), S. 67 ff.
[77] Quelle: Wunderer/Schlagenhaufer (1994), S. 67 ff.
[78] Vgl. Jung (2007), S. 532 f.
[79] Vgl. Jung (2008), S.969.

Ziel ist durch den Blick in andere Unternehmen die eigene Wettbewerbsposition zu steigern und insbesondere die innovative, unternehmerische Personalarbeit zu fördern. Es findet ein permanenter Vergleich von Produkten, Dienstleistungen und betrieblichen Abläufen statt und es wird eine Kosten- und Leistungslücke sowie deren Ursache ermittelt.[80][81]

Die **Balanced Scorecard** ist ein Managementsystem, welches Ziele und Messgrößen aus unterschiedlichen Perspektiven zusammenführt. Damit wird dem Management das benötigte Instrumentarium für den Unternehmenserfolg im Wettbewerb zur Verfügung gestellt. Die Unternehmensmission und -strategie werden in ein übersichtliches System zur Leistungserstellung übersetzt. Der Begriff Balanced Scorecard kommt daher, dass die Leistung als Gleichgewicht (Balanced) zwischen unterschiedlichen Perspektiven auf einer Anzeigetafel (Scorecard) angesehen wird.[82]

Es gibt zwei wesentliche Aspekte bei der Ausführung bzw. Anwendung der BSC. Erstens die Übersetzung strategischer Orientierungen in konkrete Aktionen bzw. Maßnahmen und die Übersetzung der Unternehmensstrategie in die „Sprache" jener Akteure, die diese Maßnahmen ausführen. Der andere Aspekt ist die Verbindung zwischen Strategie und Aktionen, der in der Praxis leider oft vergessen wird, aber sonst dazu führt, dass die BSC zu einem leeren Kennzahlensystem verkommt.[83]

Um eine erfolgreiche Strategie zu entwickeln, benötigt es einen fundierten Überblick über die derzeitige Unternehmenssituation. Mit der **Swot-Analyse** werden dabei die unternehmensinterne und unternehmensexterne Perspektive betrachtet. Das Instrument SWOT kommt von den Initialen der Begriffe Strengths, Weaknesses, Opportunities und Threats. Demnach baut die Analyse auf zwei Elemente auf, die Stärken-Schwächen-Analyse sowie auf die Chancen-Risiken-Analyse.[84]

---

[80] Vgl. Jung (2007), S. 532 f.
[81] Vgl. Jung (2008), S. 969.
[82] Vgl. Conrad (2001), S. 14.
[83] Vgl. Gleich (2012), S. 27.
[84] Vgl. Simon von der Gathen (2010), S. 230.

In diesem Zusammenhang ist auch interessant, welche Instrumente von den Unternehmen überhaupt verwendet werden. Die nachfolgende Abbildung beinhaltet eine Umfrage zu diesem Thema und man kann sehen, dass am häufigsten quantitative Kennzahlen verwendet werden wie zB Gesamtheit des Personals oder Anteil von weiblichen Mitarbeiterinnen. Bei den Instrumenten, die noch nicht verwendet werden, aber geplant werden sie einzusetzen, liegen die qualitativen Kennzahlen bzw. Kennzahlensystem im Allgemeinen vorn. Instrumente, was für viele Unternehmen nicht in Frage kommen, sind statistische Verfahren der Wirkungsanalyse und die Humanvermögensrechnung.

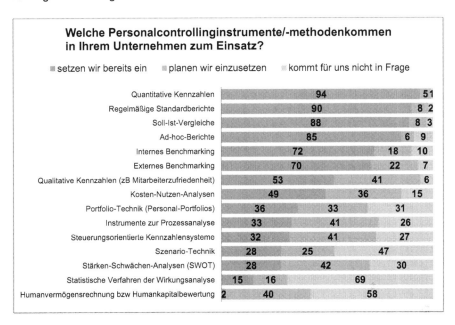

Abb. 7: Umfrage Einsatz von Personalcontrollinginstrumenten in Unternehmen[85]

---

[85] Quelle: Deutsche Gesellschaft für Personalführung (2007), S. 10.

4 Personalcontrolling mit Kennzahlen

In der heutigen Zeit wird es immer wichtiger die Informationsversorgung im Unternehmen zu optimieren, um am täglichen Wettbewerb teilnehmen zu können. Als Basis für die Unternehmensplanung und –kontrolle müssen die benötigten Informationen bedarfsgerecht beschafft, aufbereitet und verteilt werden. Ein wesentliches Instrument in diesem Zusammenhang ist das Berechnen von Kennzahlen, denn sie verdichten Einzelinformationen zu einer Messgröße und so können auch komplexe Sachverhalte in einer Zahl ausgedrückt werden. Finanzkennzahlen haben sich schon seit Jahren in den Unternehmen etabliert. Im Gegenzug dazu haben sich Personalkennzahlen vor allem qualitativer Natur erst sehr spät durchgesetzt. Einen festen Platz im Controlling nimmt zB die Produktivität je Mitarbeiter ein, hingegen sind zB Kennzahlen zur Mitarbeiterzufriedenheit immer noch die Ausnahme. Grund dafür könnte die besondere Herausforderung sein, die qualitativen Informationen im Personalwesen in quantitative Größen zu übersetzen.[86]

In den meisten Unternehmen ist es leider so, dass die Verbindung zwischen Personalarbeit und Messgrößen einerseits und die Verbindung zwischen Personalarbeit und Strategie meist unterbrochen bzw. gar nicht vorhanden ist, wie in der nachfolgenden Grafik abgebildet.

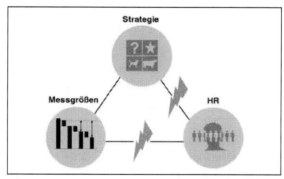

Abb. 8: Personalarbeit muss in Verbindung mit Strategie und Messgröße stehen[87]

Um das gesamte Personalwesen zu optimieren, muss die Unternehmensleitung sicherstellen, dass Mitarbeitermanagement und Personalstrategie Kernelemente der Unternehmensleitung sind.[88]

---

[86] Vgl. Havighorst (2006), S. 5.
[87] Quelle: Boston Consulting Group WFPMA (2008), S. 3 entnommen aus Schulte (2012), S. 1 (leicht modifiziert).
[88] Vgl. Schulte (2012), S. 1.

4.1 Arten und Klassifikationsmöglichkeiten von Kennzahlen

Kennzahlen lassen sich nach fünf verschiedenen Gesichtspunkten klassifizieren. Unterschieden werden sie hierbei nach Informationsbasis, Zielorientierung, Objektbereich, Handlungsbezug und anhand der statistischen Form.[89]

Bei der Klassifikation anhand der **Informationsbasis** geht es um informative Speicher, die externe und interne Interessenten über bestimmte Sachverhalte informieren. Als Informationsbasis können zB die Informationen der Kostenrechnung, Planungsrechnung sowie der Finanzbuchhaltung hergenommen werden.[90]

Hinsichtlich der **Zielorientierung** wird nach Erfolgs-, Liquiditäts- oder Produktivitätskennzahlen unterschieden.

Als dritte Klassifikationsmöglichkeit von Kennzahlen ist die Unterscheidung nach dem **Objektbereich**. Kennzahlen können sich auf das gesamte Unternehmen beziehen oder eben nur auf einen Teil-, Funktions- oder Organisationsbereich.

Beim **Handlungsbezug** kann man zwischen normativen und deskriptiven Größen unterscheiden. Normative Kennzahlen geben Ziele und interne Standards vor und enthalten somit Handlungsaufforderungen. Deskriptive Größen hingegen geben Sachverhalte wieder, die allerdings einer weiteren Erklärung bzw. Analyse bedürfen.[91]

Die Klassifikation von Kennzahlen wird in der Literatur meistens nach dem Gesichtspunkt der **statistischen Form** vorgenommen. Unterschieden werden kann zwischen absoluten und Verhältniszahlen. Bei absoluten Kennzahlen handelt es sich um Einzelkennzahlen, Summen und Differenzen. Relative bzw. Verhältniszahlen können noch weiter differenziert werden in Beziehungs-, Gliederungs- und Indexzahlen. Gliederungszahlen sind ungleichrangige Größen, das bedeutet es werden strukturelle betriebliche Verhältnisse ausgedrückt wie zB die Berechnung des Umlaufvermögensanteil am Gesamtvermögen:

---

[89] Vgl. Reichmann (1995), S. 21.
[90] Vgl. Börner (1972), S. 267.
[91] Vgl. Reichmann (2001), S. 22 ff.

Umlaufvermögen/Gesamtvermögen.[92][93]

Oder der Anteil der Personalkosten an den Gesamtkosten: Personalkosten/ Gesamtkosten. Beziehungszahlen hingegen erfassen ungleichartige Größen, das bedeutet hier werden Größen, die verschiedenen Gesamteinheiten angehören, zueinander in Beziehung gesetzt. Ein Beispiel hierfür wäre die Berechnung der Anlagendeckung: Eigenkapital/Anlagevermögen oder der Nettoumsatz je Mitarbeiter: Nettoumsatz/Mitarbeiter.[94] Indexzahlen hingegen zeigen zeitliche Veränderungen einer Größe. Verwendung findet es meist bei der Analyse der Entwicklung von Preisen und Kosten sowie zur Kontrolle von Verbrauchsentwicklungen. Beispiel hierfür ist ein Materialpreisindex:

Materialpreisindex 1995 (Basisjahr) = 100 %

Materialpreisindex 2000 (Berichtsjahr) = 120 %

Veränderung Materialpreis 1995-2000 = 20 %[95]

4.2 Ziele und Funktionen von Personalkennzahlen

Der Unternehmenserfolg hängt im Wesentlichen von der Ressource Personal/ Humankapital ab[96], deshalb werden im Personalmanagement immer mehr strategische Steuerungsinstrumente eingesetzt. Die Instrumente dienen dazu, Mitarbeiter auszuwählen, Leistungen und Produktivität zu beurteilen, qualifizieren, um- oder freizusetzen und Trends frühzeitig zu erkennen und gezielte Maßnahmen zu ergreifen. Zu beobachten ist, dass für immer mehr Unternehmen die Erhebung und Analyse von Personalkennzahlen ein Bestandteil des Personalinstrumentariums ist.

Durch den Einsatz von Kennzahlen können komplexe Realitäten reduziert werden auf ihre wesentlichen Einflussgrößen und dienen dem Management als Entscheidungshilfe, indem sie schnell und präzise über ein spezifisches Aufgabenfeld informiert werden. Personalkennzahlen haben somit das vorrangige[97]

---

[92] Vgl. Reichmann (2014), S. 25.
[93] Vgl. Tauberger (2008), S. 121 ff.
[94] Vgl. Reichmann (2014), S. 25.
[95] Vgl. Tauberger (2008), S. 121 ff.
[96] Vgl. Schmeisser et al. (2014), S. 39 f.
[97] Vgl. Polanski (2009), S. 16.

Ziel, die „Personalrealität" eines Unternehmens akkurat abzubilden. Die Notwendigkeit Personalkennzahlen einzusetzen, ergibt sich aus einigen einfachen unternehmerischen Fragestellungen und Problemen, die in jedem Unternehmen unabhängig von Branche oder Größe in der einen oder anderen Form zu beobachten sind. Die relevanten Fragen lauten:

Warum verlassen so viele Mitarbeiter den Betrieb?

- Wie hat sich die Mitarbeiterzufriedenheit entwickelt?
- Wieso gibt es so viele Krankenstände in einigen Bereichen?
- Wie hoch ist die Produktivität jedes einzelnen Mitarbeiters?
- Wie hoch sind die Personalkosten und wie werden sie sich zukünftig entwickeln?
- Wieso ist die Fluktuationsquote in den jeweiligen Abteilungen so unterschiedlich?

Personalkennzahlen geben Antworten auf diese Fragen und weisen auf Probleme, Gefahren, Chancen, Erfolg von Maßnahmen und die Notwendigkeit von Innovationen hin.[98]

Kennzahlen haben nach *Weber* fünf Hauptfunktionen:

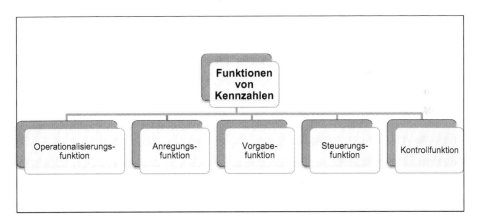

Abb. 9: Funktionen von Kennzahlen[99]

---

[98] Vgl. Hafner/Polanski (2009), S. 16.
[99] Quelle: Weber (1991), S. 83 (leicht modifiziert).

Bei der **Operationalisierungsfunktion** geht es um die Bildung von Kennzahlen zur Messung von Unternehmenszielen und deren Zielerreichungsgrad. Diese Funktion bildet sozusagen den Ausgangspunkt für die nachfolgenden Funktionen und ist für die betriebliche Erfolgsbewertung von zentraler Bedeutung.

Um die laufende Erfassung der Kennzahlen sowie zur Erkennung von Auffälligkeiten und Veränderungen geht es bei der **Anregungsfunktion**. Diese Funktion beinhaltet eine weitere Funktion, die nicht gesondert angeführt wird, nämlich die Frühwarnfunktion. Die Betrachtung der Kennzahlen im Zeitverlauf kann als Frühwarnindikator sowie der Entwicklung und Umsetzung von Gegegensteuerungsmaßnahmen dienen.

Die **Vorgabefunktion** beinhaltet die Ermittlung kritischer Kennzahlenwerte. Diese Werte sollen einerseits als Zielgröße für unternehmerisches Handeln eingesetzt werden, aber auch die Ableitung von betrieblichen Entscheidungen soll unterstützt werden.

Bei Kennzahlen werden betriebswirtschaftliche Sachverhalte verdichtet und dadurch verringert sich die Gefahr von Kommunikationsstörungen zwischen Sender und Empfänger. Demnach resultiert die **Steuerungsfunktion** daraus, dass die Kennzahlen der Vereinfachung von Steuerungsprozessen dienen.

Die **Kontrollfunktion** beinhaltet die laufende Erfassung von Kennzahlen zur Erkennung von Soll-Ist-Abweichungen. Auf Grund dieser Abweichungen können zukünftige betriebliche Maßnahmen abgeleitet werden.[100][101][102]

---

[100] Vgl. Reichmann (1997), S. 19f.
[101] Vgl. Lachnit (1976), S. 219.
[102] Vgl. Weber (1991), S. 83.

4.3 Vor- und Nachteile von Personalkennzahlen

Durch die Anwendung von Personalkennzahlen gibt es etwaige **Vorteile,** die das Unternehmen für sich nutzen kann. Der Einsatz von Kennzahlen hilft dabei einer Situation oder Entwicklung ein Gesicht zu geben und somit werden aus subjektiven Eindrücken objektive Tatbestände. Somit wird damit ein Zustand zu einem definierten Zeitpunkt oder Zeitraum dargestellt und bildet eine Realität ab. Dadurch können sehr komplexe Sachverhalte strukturiert werden und die wesentlichen Informationen treten zu Tage. Außerdem werden durch die Infomationsverdichtung Sachverhalte kurz und prägnant dargestellt.

In der heutigen Zeit werden Unternehmensstrukturen immer komplizierter und daher wächst die Notwendigkeit Transparenz zu schaffen. Eine Möglichkeit dies zu bewerkstelligen sind daher die richtig gewählten Personalkennzahlen berechnen, die schnell die wichtigsten Informationen liefern, um schnelle Entscheidungen treffen zu können, sowie Ansatzpunkte liefern zur Planung, Steuerung und Kontrolle. Wesentlich hierbei ist aber auch die Darstellung dieser Kennzahlen, auf die noch in einem späteren Kapitel genauer eingegangen wird.[103][104]

Nach *Schulte*[105] gibt es noch einige weitere Vorteile, die sich bei der Anwendung von Kennzahlen ergeben. Ein wesentlicher Aspekt ist, dass die unwesentlichen Sachverhalte in der Unternehmenspraxis von den wesentlichen getrennt werden und daher schneller auf die für die Entscheidung relevanten Informationen zugegriffen werden kann.

Bei Kennzahlen, die in Form eines Quotienten berechnet werden, können bessere Zusammenhänge erkannt werden als bei absoluten Werten und die können wiederum für personalwirtschaftliche Entscheidungen sowie Maßnahmen wichtig sein. Diese Zusammenhänge könne auch Hinweise sein auf etwaige Schwächen und Stärken auf die das Management eingehen kann, um besser im Wettbewerb bestehen zu können. Darüber hinaus werden auch Zusammenhänge über Ursache und Wirkung abgebildet und wie sie sich gegenseitig beeinflussen. Ein weiterer Vorteil ist, dass

---

[103] Vgl. Schübbe (2001), S. 17.
[104] Vgl. Biethahn et al. (2004), S. 338.
[105] Vgl. Schulte (2012), S. 2.

Kennzahlen als Führungsinstrument für eine zielorientierte Aufgabenabwicklung dienen können.[106]

Natürlich haben auch Kennzahlen ihre **Nachteile,** die man aber durch die richtige Anwendung umgehen kann. Der Einsatz von Personalkennzahlen bedeutet immer mehr Arbeitsaufwand, denn sie bedürfen der Interpretation, um sie auch richtig nutzen zu können. Hierbei muss dem Entscheider auch der zugrundeliegende Sachverhalt bekannt sein, um keine Fehlinterpretationen zu machen, denn diese können zu erheblichen Fehlentscheidungen führen.

Schwierig ist, dass sich nicht alle Sachverhalte quantifizieren lassen, daher ist die alleinige Betrachtung von Kennzahlen nicht zu empfehlen, da unter Umständen wichtige qualitative Betrachtungen außer Acht gelassen werden. Dies wiederum könnte zu Fehlentscheidungen führen.

Für Planungszwecke sind Kennzahlen nur bedingt geeignet, da sie auf Basis von vergangenheitsbezogenen Daten berechnet werden.

Ein mögliches Problem ist auch der Informations-Overflow. Viele glauben viele Kennzahlen helfen auch viel, aber dies ist ein Irrglaube. Durch eine große Anzahl in einem Kennzahlensystem kommt es nicht zu einer Informationsverdichtung, sondern eher zu einer Verwirrung. Desweiteren besteht auch die Gefahr willkürlich verschiedene Größen zueinander in Beziehung zu setzen und dadurch zu falschen Schlussfolgerungen zu kommen. Der Grund dafür ist, dass Vergleiche mit Kennzahlen nur eingeschränkt gültig bzw. möglich sind, da die Kriterien der Vergleichbarkeit nur selten vollständig erfüllt werden.[107]

Auch das Gegenteil des zuletzt genannten Nachteils, also nur wenige isolierte Kennzahlen nebeneinanderzustellen, hat wenig Aussagekraft. Wichtig ist eine gesunde Mischung an relevanten Personalkennzahlen für das jeweilige Unternehmen zu interpretieren und wenn möglich Zusammenhänge daraus zu schließen.[108]

---

[106] Vgl. Schulte (2012), S. 2.
[107] Vgl. Biethahn/Mucksch (2004), S. 338.
[108] Vgl. Potthoff/Trescher (1986), S. 236.

4.4 Kennzahlensysteme in der Personalwirtschaft

Ein Kennzahlensystem ist eine geordnete Gesamtheit von Kennzahlen. Hierbei stehen sie in einer Beziehung zueinander und informieren somit vollständig über einen Sachverhalt.

Im Controlling ist das ROI-Schema von DuPont wohl das bekannteste Kennzahlensystem. Es werden quantitative Größen zueinander in Beziehung gesetzt, die sich logisch miteinander verknüpfen lassen. Dieser Aspekt fehlt allerdings oft bei Kennzahlensystemen im Personalwesen, da die betrachteten Sachverhalte eher qualitativer Natur sind und es an eindeutigen Kausalbeziehungen fehlt. Es kann aber trotzdem im Personalcontrolling von Kennzahlensystemen gesprochen werden, wenn die verwendeten Kennzahlen auf die personal- und unternehmenswirtschaftlichen Ziele abgestimmt sind. In der folgenden Abbildung kann man ein Beispiel dafür sehen.[109]

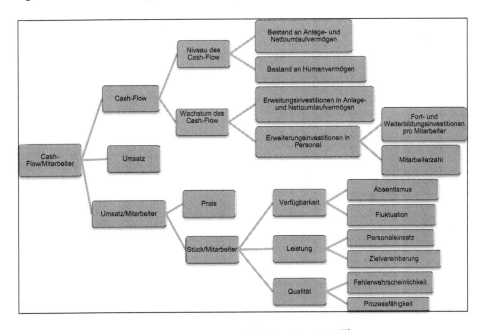

Abb. 10: Kennzahlensystem Cash-Flow/Mitarbeiter[110]

---

[109] Vgl. Wickel-Kirsch et al. (2008), S. 151.
[110] Quelle: Bühner (1997), S. 55 ff.

Bei Kennzahlensystemen ist zu beachten, dass sie nicht starr sind, sondern sich den entsprechenden geschäftspolitischen Zielsetzungen im Zeitablauf anpassen. Aufgrunddessen sind sie in der Pflege sowie in der Erstellung sehr arbeitsaufwändig.[111] Trotzdem lohnt sich der Einsatz von Kennzahlensystemen, da sie eine übersichtliche Entscheidungsgrundlage für die Personal- oder Unternehmensleitung bilden. Zielsetzungen werden permanent überprüft, indem Soll-Ist-Vergleiche gemacht werden. Aufgrund der Abweichungen, die bei diesen Vergleichen auftreten, kann man realistische Ziele formulieren und wenn nötig Maßnahmen ergreifen um diese gegenzusteuern.[112]

4.4.1 Kennzahlensystem nach Grünefeld

Für das Personalwesen gibt es ein von Grünefeld entwickeltes sehr detailliertes Kennzahlensystem zur Erfassung und Analyse des Personalaufwands. Grundidee hinter seinem System war die Verbesserung der Berichtsfähigkeit nach innen und außen. Mit diesem Kennzahlensystem möchte er Ursachen und Wirkungen lückenlos darstellen, um die Datenerhebung zu vereinfachen.

Grünefeld stellt zur Erfüllung seiner Ansprüche alle Kennzahlen mit ihren Verbindungen auf Kennzahlentafeln dar und erläutert sie detailliert. Kennzahlen für die Personalentwicklung in diesem System sind ua. Gehälter und Löhne für Lehr- und Ausbildungspersonal je Mitarbeiter oder Gehälter und Löhne für Lehr- und Ausbildungspersonal je Mitarbeiter.[113]

4.4.2 Kennzahlensystem nach Schulte

Im Personalwesen ist das meistzitierte Werk von Christof Schulte und hat den Titel „Personal-Controlling mit Kennzahlen". Er hat darin ein Personal-Kennzahlen-System entwickelt, das 61 Kennzahlen enthält, wobei nur acht eher allgemeine Kennzahlen dazugehören. Unter anderem beinhaltet es die Ausbildungsquote, Übernah-

---

[111] Vgl. DGFP (2009), S. 36.
[112] Vgl. Berthel (2004), S. 1448.
[113] Vgl. Grünefeld (1981), S. 13 ff.

mequote und die jährliche Weiterbildungszeit pro Mitarbeiter. Die nachfolgende Abbildung zeigt den Aufbau des Personalkennzahlensystems.[114]

Abb. 11: Personal-Kennzahlen-System nach Schulte[115]

---

[114] Vgl. Schulte (2002), S.156 ff.
[115] Quelle: Schulte (2002), S.156.

5 Personalkostenmanagement und deren Kennzahlen

5.1 Definition von Personalkosten

Personalkosten stellen einen erheblichen Anteil an den Gesamtkosten eines Unternehmens dar. Grund genug mit einem aktiven Kostenmanagement dagegen anzugehen und zu versuchen die Personalkosten zu reduzieren. Hierbei ist aber zu sagen, dass unter Personalkosten senken nicht nur an Personalabbau gedacht werden darf. Es gibt auch Kosten, die sich effektiv und mitarbeiterfreundlich reduzieren lassen.[116] Zu allererst muss jetzt aber erst mal definiert werden, was unter die Personalkosten im engeren sowie im weiteren Sinn fallen. In der darunterliegenden Tabelle kann man dies entnehmen.

Personalkosten im engeren Sinne	
Personalgrundkosten (tätigkeitsbezogene Entgeltkomponenten)	• Löhne (tariflich, übertariflich) • Gehälter (tariflich, übertariflich, außertariflich • Zuschläge und Zulagen (zB Mehrarbeits-, Schicht-, Sonn-/Feiertagszuschläge)
Personalzusatzkosten aufgrund von Gesetz und Tarif	• Sozialabgaben des Arbeitgebers (Renten-, Kranken-, Pflege- und Arbeitslosenversicherung) • 13. Monatsgehalt (oder Teile davon) • Urlaubsgeld • Berufsgenossenschaftsbeträge • Schwerbehindertenausgleichsabgabe • Bezahlte Abwesenheit (Urlaub, Feiertage, Krankheitsfortzahlung etc.)
Personalzusatzkosten aufgrund freiwilliger betrieblicher Leistungen	• Betriebliche Altersversorgung • Fahrt- und Transportkosten • Betriebskrankenkasse • Wohnungshilfen • Arbeitskleidung • Sonstige Hilfen
Personalkosten im weiteren Sinne	
Weitere Personalkosten für	• Aufwendungen und Budgets zur Erfüllung der personalwirtschaftlichen Funktionen (zB Kosten der Personalbeschaffung, -freistellung, -entwicklung, -erhaltung) • Personal- und Sachmitteletat der Personalabteilung • Kosten der Mitbestimmung • Personalinformationssystem/DV-Programme

Tab. 6: Personalkosten im engeren und weiteren Sinne[117]

---

[116] Vgl. Gutmann/Kollig (2005), S. 3.
[117] Quelle: In Anlehnung an Mag (1998), S. 192.

Wie schon erwähnt beeinflussen die Personalkosten den Gewinn in hohem Maße. Demnach je höher der Anteil dieser an den Gesamtkosten ist, desto größer ist die Bedeutung der Personalkostensteuerung- und –planung. Zu beachten ist, dass die Personalkosten im produzierenden Gewerbe ca. 30 % ausmachen, aber bei Dienstleistungsunternehmen bis zu 80 – 90 % der Gesamtkosten und daher wird das Thema Personalkennzahlen immer wichtiger.[118]

5.2 Ist-Situation im Personalwesen

Die Ist-Situation im Bereich des Personalwesens zeigt, dass Handlungsbedarf von Nöten ist. Zu beobachten ist, dass im Personalwesen in den Unternehmen oft nur quantitative Größen berechnet werden, anstatt des Einsatzes von Kennzahlen als Planungs- und Steuerungsinstrument. Aufgrund der zunehmenden Anzahl von Einflussgrößen und eine Vermehrung der Entscheidungsalternativen fällt es immer schwerer Handlungskonsequenzen vorherzusehen. Ein großes Problem ist auch, dass wenn Personalkennzahlen im Unternehmen eingesetzt werden, sie oft nur isoliert betrachtet werden. Eine Ablehnung gegenüber Personalkennzahlen erfolgt auch aufgrund fehlender Ursache-Wirkungs-Zusammenhänge für viele beobachtbare Größen. Die Personalpolitik gewinnt immer mehr an Bedeutung als zentraler Erfolgsfaktor und der Wunsch nach mehr Transparenz im Personalwesen wird immer stärker.

Im Personalbereich ist demnach ein Instrumentarium gefragt, dass dabei helfen soll Informationen zu quantifizieren sowie zu systematisieren und die Zusammenhänge erkennen lässt. Handlungsbedarf besteht bei der Integration des Personal-Controlling in das Unternehmens-Controlling sowie beim Aufbau eines Personal-Informationssystems und bei der Effizienzsteigereung des Mitarbeitereinsatzes und der Personalarbeit.[119]

---

[118] Vgl. Mag (1998), S. 189.
[119] Vgl. Schulte (2012), S. 2.

5.3 Personalkostenplanung

Personalkosten unterscheiden sich von anderen Kostenarten vor allem darin, dass der größte Teil der Personalkosten aufgrund vertraglicher, tariflicher oder gesetzlicher Bestimmungen kurzfristig sowie langfristig schwer beeinflussbar sind. Anders ist das zB beim Materialverbauch, wenn hier die Kosten zu hoch sind, kann man andere Lieferanten sowie Anbieter aussuchen. Je nachdem wie die bestehenden Lieferverträge bestimmt sind bzw. um welche Art des Materials es sich handelt, kann man hier binnen weniger Wochen bzw. Monate wechseln.

Jährlich werden in einem Planungsprozess, die für das Personalcontrolling benötigten Planwerte ermittelt. Eine Vielzahl von internen und externen Informationen fließt dabei in die Personalkostenplanung. Für die Datenbasis kommen, die im laufenden Jahr entstandenen Personalkosten pro Mitarbeiter, die summierten Kosten pro Kostenart sowie die Soll-Kosten pro Planstelle in Frage.

Bei der Berechnung auf Basis der tatsächlich entstandenen Ist-Kosten je Mitarbeiter müssen sehr detaillierte Annahmen über die Projektion der Ist-Kosten im nächsten Jahr getroffen werden. Beispielsweise können Mitarbeiter, die dieses Jahr Kosten verursacht haben, aufgrund von Eintritt in unbezahlte Zeiten (zB Erziehungszeit) kostenneutral werden. Bereits bekannte Austrittsdaten müssen in der Planungsgrundlage berücksichtigt werden. Jedoch stellen sich Fragen wie: Werden diese den Mitarbeiter wieder ersetzt? Wenn ja, welche Kosten werden sie verursachen etc.? Diese Berechnungsart ist demnach sehr aufwändig und anfällig für nicht im erforderlichen Detaillierungsgrad vorhersehbare Veränderungen.

Als Basis kann man auch die summierten Ist-Kosten nehmen. Hiermit erhält man eine wesentlich gröbere Sicht, die aber immer noch die tatsächlichen Kosten darstellen. Wenn sich die Strukturen innerhalb der Personalkosten nicht ändern, kann durch diese Berechnungsart erheblich an Komplexität verloren werden, ohne dabei an Genauigkeit einzubüßen. Der notwendige und gewünschte Detaillierungsgrad muss jedes Unternehmen für sich selbst entscheiden.[120]

---

[120] Vgl. Lisges/Schübbe (2009), S. 279 ff.

Ersatzweise kann für die Kosten für derzeit nicht oder unterbesetzte Stellen die Berechnung von Sollkosten herangezogen werden. Der Genauigkeitsgrad muss wiederum vom jeweiligen Unternehmen selbst entschieden werden.[121]

Die Aufgabe der Personalkostenplanung und –kontrolle ist demnach die Planung, Steuerung und Kontrolle der Personalkostenentwicklung. Ziele die damit verfolgt werden sind vor allem die Begrenzung des Personalaufwandes sowie die Sicherstellung des geplanten Verhältnisses zwischen Personalaufwand und Personalnutzen. Kennzahlen aus diesem Bereich wären zB die Personalintensität, Personalkosten je Mitarbeiter sowie die Personalkosten in Prozent der Wertschöpfung.[122]

5.3.1 Einflussfaktoren der Personalkostenplanung

Die Personalkostenplanung unterliegt zahlreichen internen und externen Einflussfaktoren, wobei diese in ihrer Höhe und ihrer zeitlichen Wirksamkeit vorausgesagt und in die Planung mit aufgenommen werden.

Zu den internen Einflussfaktoren zählt unter anderem die Kapazitätsplanung. Hier wird gefragt, ab wann auf welche Kostenstellen welche Kapazitäten benötigt werden bzw. welche Kosten werden zusätzlich durch die Beschaffung/Freisetzung verursacht? Ein wesentlicher Einflussfaktor ist die Fluktuation und die Fragen welche Kosten verursacht das neue Personal, das den austretenden Mitarbeiter ersetzen soll bzw. welche Kosten entstehen durch die Ersatzbeschaffung sowie welche Kosten entstehen überhaupt durch den Austritt (zB Abfindungen). Langfristig unbezahlte Fehlzeiten sind ein weiterer Einflussfaktor, dazu gehören unter anderem die Elternzeit bzw. langfristige Erkrankungen. Zu erwähnen ist auch die Gehaltsstruktur, wenn sie sich durch neue Gehaltsmodelle ändern intern bzw. extern, dann beeinflusst das die Aufteilung der fixen und variablen Kosten. Der letzte interne Einflussfaktor ist die Betriebsvereinbarung, wenn es beispielsweise Änderungen bei den Sozialleistungen bzw. bei der Altersversorgung gibt.

---

[121] Vgl. Lisges/Schübbe (2009), S. 279 ff.
[122] Vgl. Schulte (2012), S. 92.

Der größte externe Einflussfaktor ist die Tarifanpassung, die folgende Fragen aufwirft: Welche Tarifsteigerungen werden für welche Mitarbeiterkreise erwartet?[123] übertarifliche Zulagen gegengerechnet werden? Erfolgt eine analoge Anpassung im außertariflichen Bereich? Ein weiterer externer Einflussfaktor ist der Arbeitsmarkt. Hier geht es darum, sich zu fragen, ob Gehaltsanpassungen über die Tarifanpassungen hinaus nötig sind, um Mitarbeiter an das Unternehmen zu binden bzw. wie transparent die unternehmensübergreifenden Gehaltniveaus sind. Wesentlich sind auch die Beitragssätze und Beitragsbemessungsgrenzen der Sozialversicherung die für das Planungsjahr vorausgesagt werden. Der letzte Punkt betrifft die Gesetzgebung. Hier geht es um Änderungen bei steuer- und sozialversicherungsrechtlichen Vorschriften, die die Personalkosten beeinflussen beispielsweise Veränderungen von Altersgrenzen bei Altersteilzeit.

Als Fazit zu den Kapiteln 5.3 und 5.3.1 bleibt zu sagen, bevor man eine Entscheidung für die eine oder andere Art der Kostenplanung trifft, muss eine detaillierte Analyse bezüglich der unternehmenstypischen bzw. –relevanten Informationen erfolgen. Es bietet sich an bei der Installation eines Kostencontrollings zunächst zwei oder mehrere Wege zu gehen. Am Anfang erscheint dies kostenaufwändig, aber so kann herausgefunden werden, welche Methode am besten zum jeweiligen Unternehmen passt und welche die aussagekräftigsten Antworten auf die gestellten Fragen liefert.[124]

5.3.2 Personalkostenstrukturierung

Die Personalkostenstruktur sowie Personalkennzahlen lassen sich nach *Scholz* in drei Kostengruppen gliedern, nämlich in Bestands-, Aktions- und Reaktionskosten.[125] Unter Bestandskosten versteht man die Entstehungskosten bei der Bereitstellung des Personals. Diese Kosten lassen sich nur gering beeinflussen, gerade deshalb sollte die strategische Ebene sich die Fragen bezüglich der Ist-Analyse mit anschließender Soll-Positionierung sowie nach einzuleitenden Aktionen genau stellen. Eingesetzt werden können dafür, abgesehen von Intuition und Improvisation, vor allem die Simulation und die Kalkulation.

---

[123] Vgl. Lisges/Schübbe (2014), S. 276 f.
[124] Vgl. Lisges/Schübbe (2014), S. 276 f.
[125] Vgl. Scholz (2000), S. 696 ff.

Die Kosten, die bei der Beschaffung, Entwicklung, Abbau oder Einsatz von Personal bestehen, nennt man Aktionskosten. Als letzte Kostengruppe gibt es noch die[126] Reaktionskosten, die beim Unternehmen ohne unmittelbare Entscheidung anfallen, beispielsweise Fluktuations- und Fehlzeitenkosten. Unter Fluktuation versteht man den dauerhaften Personalabgang als Folge fehlender arbeitnehmerseitigen Austrittbarrieren.[127] Fehlzeiten kann man nach drei Aspekten einordnen und zwar nach Verursacher, Planbarkeit sowie Bezahlung. Beispiele dafür wären Betriebsunfälle, regionale Feiertage, Mutterschutz sowie Krankheit.[128]

5.4 Ausgewählte Kennzahlen für das Personalkostenmanagement

In den nachfolgenden Unterkapiteln wird die Vielfalt, Interpretation sowie die Anwendbarkeit mit Vor- und Nachteilen einiger Personalkennzahlen abgehandelt, die bei Nichtbeachtung mit hohen Kosten verbunden sind. Beim vorliegenden Buch liegt der Schwerpunkt bei Personalkennzahlen. Es soll aber nicht der Eindruck vermittelt werden, dass durch die alleinige Ermittlung dieser die Zielerreichung des Personalcontrollings sich erstellen würde. Es sollte vielmehr als ein Mosaikstein betrachtet werden, mit deren Hilfe ein erkennbares Gesamtbild geschaffen wird.[129]

Die einzelnen Personalkennzahlen kann man in bestimmte Kategorien einordnen. Aus den nachfolgenden Abbildungen kann man die Vielfalt und Kategorisierung der Personalkennzahlen sehen.

---

[126] Vgl. Scholz (2014), S. 806 ff.
[127] Vgl. Scholz (2014), S. 806 ff.
[128] Vgl. Lisges/Schübbe (2009), S. 253.
[129] Vgl. Schübbe (2011), S. 14.

Personalbedarf und -struktur	Personalbeschaffung	Personaleinsatz	Personalerhaltung
• Netto-Personalbedarf • Brutto-Personalbedarf • Durchschnittliche Betriebszugehörigkeit • Qualifikationsstruktur • Behindertenanteil	• Bewerber pro Arbeitsplatz • Vorstellungsquote • Effizienz der Beschaffungswege • Personalbeschaffungskosten je Eintritt • Produktivität der Personalbeschaffung • Grad der Personaldeckung • Frühfluktuationsrate • Anzahl Versetzungswünsche nach kurzer Dienstdauer	• Vorgabezeit • Leistungsgrad • Arbeitsproduktivität • Betreuungsrate • Arbeitsplatzstruktur • Verteilung des Jahresurlaubs • Überstundenquote • Inanspruchnahme des Bereitschaftsdienstes • Durchschnittskosten je Überstunde	• Flutktuationsrate • Fluktuation • Fluktuationskosten • Krankheitsquote • Unfallhäufigkeit • Ausfallzeit infolge von Unfällen • Kosten von Arbeits- unfällen • Fehlzeitenquote • Vermögensbildende Leistungen • Aufwand für freiwillige betriebliche Sozialleistungen je Mitarbeiter

Abb. 12: Personalkennzahlen Teil 1

Personalentwicklung	Betriebliches Vorschlagswesen	Personalkostenplanung und -kontrolle
• Ausbildungsquote • Übernahmequote • Struktur der Prüfungsergebnisse • jährliche Weiterbildungszeit der Mitarbeiter • Anteil der Weiterbildungskosten an den Gesamtpersonalkosten • Weiterbildungskosten je Tag und Mitarbeiter • Bildungsrendite	• Verbesserungsvorschlagsrate • Struktur der Einreicher • Bearbeitungszeit pro Verbesserungsvorschlag • Annahmequote • Realisierungsquote • Durchschnittsprämie • Einsparungsquote	• Personalintensität • Personalkosten in Prozent der Wertschöpfung • Personalkosten je Mitarbeiter • Personalkosten je Arbeitsstunde

Abb. 13: Personalkennzahlen Teil 2[130]

---

[130] Quelle: Hentze/Kammel (2005), S. 152 (leicht modifiziert) sowie Möllering et al (1998), S. 170f (leicht modifiziert).

5.4.1 Personalkostenplanung und -kontrolle

Der erste Bereich aus dem einige Personalkennzahlen erläutert werden, ist aus dem Bereich Personalkostenplanung und -kontrolle. Auf den nächsten Seiten wird dabei näher auf die Personalintensität sowie auf die Personalkosten je Stunde bzw. Mitarbeiter eingegangen.

5.4.1.1 Personalintensität

Die Personalintensität ermittelt die Wirtschaftlichkeit des Produktionsfaktors Arbeit[131] bzw den Anteil der Personalkosten an den Gesamtkosten oder Umsatz[132]. Berechnet wird diese Kennzahl wie folgt:

$$\text{Personalintensität} = \frac{\text{Personalkosten}}{\text{Gesamtkosten}} \times 100^{133} \text{ (beim GKV) oder}$$

$$\text{Personalintensität} = \frac{\text{Personalkosten}}{\text{Umsatz}} \times 100 \text{ (beim UKV)}$$

Die Personalaufwendungen bzw. Personalkosten werden entweder der GuV (Gewinn- und Verlustrechnung) als Löhne und Gehälter entnommen sowie soziale Abgaben und Aufwendungen für Altersversorgung und für Unterstützung, oder werden im Anhang ausgewiesen (beim Umsatzkostenverfahren).

Die Kennzahl sagt aus, in welchem Ausmaß die Gesamtleistung bzw. der Umsatz auf Personalaufwendungen beruht. Es kann auch ein Hinweis darauf sein, wie sensibel ein Unternehmen gegenüber Lohn- und Gehaltstarifänderungen reagiert. Bei der Interpretation kann gesagt werden, dass wenn die Personalintensität bzw. Personalaufwandsquote wie sie auch noch genannt wird, im Zeitablauf sinkt, kann das ein Indiz für erfolgreiche Restrukturierungsmaßnahmen sowie Produktivitätssteigerungen im Unternehmen sein oder dass einige Tätigkeiten fremdgefertigt werden.[134]

---

[131] Vgl. Wöltje (2013), S. 384.
[132] Vgl. Schübbe (2011), S. 113.
[133] Vgl. Vogt (1984), S. 866 f.
[134] Vgl. Wöltje (2013), S. 385.

Eine Steigerung dieser Kennzahl zeigt, dass der Personalaufwand in einem größeren Ausmaß gestiegen ist als der Umsatz. Die Gründe dafür könnten fehlende Rationalisierungsmaßnahmen oder auch Zuführungen zu Pensionsrückstellungen sein, die nachgeholt wurde. Letzteres ist dann nicht als Unwirtschaftlichkeit anzusehen, sondern als Vorsorgemaßnahme. Zu beachten ist, dass je höher die Personalaufwandsquote ist, desto höher ist das Risiko bei Beschäftigungsschwankungen vor allem bei den Personalfixkosten.[135]

Hierbei sind Vergleichsmöglichkeiten innerhalb einer Branche teilweise gegeben und Unterschiede können Ausdruck unterschiedlicher Fertigungstiefe bzw. ausgelagerter Tätigkeiten sein.[136] In der darunter folgenden Tabelle kann man die groben Prozentsätze der Branchen sehen und deren Bewertung.

Hauptbranche	Approx. Beurteilung, Grobbewertung		
	gut	mittel	schlecht
Industrie (Erzeugung)	< 25%	25 – 40%	> 40%
Gewerbe (Handwerk)	< 25%	25 – 45%	> 45%
Großhandel	< 7%	7 – 20%	> 20%
Einzelhandel	< 12%	12 – 22%	> 22%

Tab. 7: Bewertung der Personalintensität nach Hauptbranchen[137]

Beispiel: Das Unternehmen hat einen Umsatz von 3.911.000 Euro im Vormonat und der Personalaufwand betrug 963.400 Euro, daraus ergibt sich eine Personalaufwandsquote von 0,246 bzw. 24,6 % (963.400/3.911.000).

Die Aussagekraft dieser Kennzahl ist allerdings eher begrenzt, da die Fertigungstiefe hier nicht berücksichtigt wird. Es gibt noch eine andere Möglichkeit wie man die Personalaufwandsquote auf andere Weise rechnen kann und zwar auf Basis der Wertschöpfung. Hier wird dann berechnet wie viel Cent von einem Euro Wertschöpfung für den Personalaufwand einzubringen sind. Mit dieser Variante wird der Einfluss der Fertigungstiefe (Wie viel Vorleistung wird bezogen bzw. welcher Anteil des Endproduktes wird selbst erstellt?) des Unternehmens auf die Kennzahl neutralisiert.[138]

---

[135] Vgl. Wöltje (2013), S. 385.
[136] Vgl. Schübbe (2011), S. 113.
[137] Vgl. Kralicek (2008), S. 138.
[138] Vgl. Havighorst (2006), S. 20 f.

5.4.1.2 Personalkosten je Mitarbeiter

Die Personalkosten je Mitarbeiter sind - wie der Name schon sagt - die durchschnittlichen Personalkosten pro Mitarbeiter und diese Kennzahl dient dem mehrjährigen Kosten- bzw. Branchenvergleich.

$$\text{Personalkostenquote je Mitarbeiter} = \frac{\text{Personalkosten}}{\text{Anzahl der Beschäftigten}} \text{[139]}$$

Die Berechnung dieser Kennzahl kann aber auch auf verschiedene Mitarbeitergruppen erfolgen.

Beispiel: Im kaufmännischen Bereich gibt es 52 Mitarbeiter und die Personalkosten im kaufmännischen Bereich betrugen 2.468.250 Euro, so kommt man auf Personalkosten von 47.466,35 Euro (2.468.250/52) je kaufmännischen Mitarbeiter.[140] Das für die Berechnung benötigte Zahlenmaterial kommt aus der Personalabteilung und der Lohnbuchhaltung.

Mithilfe dieser Kennzahl kann man die tatsächlichen betrieblichen Personalkosten je Beschäftigten ermitteln, aber sie gibt auch einen Überblick, insbesondere bei der Planung von Zusatzschichten (Samstagsarbeit). Desweiteren hilft sie bei der Erstellung eines realistischen Kostenplans bei der Schaffung neuer Arbeitsplätze.

Wenn diese Kennzahl im Zeitablauf steigt, heißt dass das sich der Kostenaufwand pro Person erhöht hat. Aufgrund dessen sollte die Effizienz der Kosten überprüft werden.[141] Die größte Möglichkeit die Kostenbelastung zu beeinflussen, haben Unternehmen bei freiwilligen betrieblichen Sozialleistungen. Hier kann überlegt werden, ob Sozialleistungen gekürzt bzw. abgeschafft werden können, zB durch Outsourcing der Kantine sowie Verringerung von Reisekostenerstattungen.[142]

Anhand eines Branchenvergleichs kann man sehen, ob man eine angemessene Vergütung bezahlt. Zu beachten ist jedoch, dass es hier zu Schwankungen aufgrund von regionalen Unterschieden kommen kann. Bei der Durchführung eines[143] Ver-

---

[139] Vgl. Mehlan (2007), S. 204.
[140] Vgl. Wöltje (2008), S. 331.
[141] Vgl. Ossola-Haring (2006), S. 484.
[142] Vgl. Pepels (2008), S. 135.
[143] Vgl. Walter (2006), S. 77.

gleichs ist zu diskutieren, ob höhere oder niedrigere Personalkosten je Mitarbeiter gut oder schlecht sind.[144]

5.4.1.3 Personalkosten je Stunde

Jährlich wird vom Unternehmen die Personalkosten je Stunde berechnet, um den Personalaufwand zu analysieren und zu steuern. Als Basisdaten werden hierbei die gesamten Personalkosten sowie die Anzahl der geleisteten Arbeitsstunden (ohne Urlaubs- und Ausfallzeiten) genommen. Für das Unternehmen ist diese Kennzahl vor allem in der Fertigung interessant, da hier die Leistung als Mengenergebnis ausschlaggebend ist. Die Personalkosten je Stunde können auf verschiedene Mitarbeitergruppen angewendet werden.[145]

$$\text{Personalkosten (in €/Stunde)} = \frac{\text{Personalkosten}}{\text{geleistete Arbeitsstunden}}\text{[146]}$$

Mithilfe dieser Kennzahl lässt sich die Effizienz von Kostenstellen vergleichen, falls diese eine ähnliche Qualifikations- und Lohnniveaustruktur aufweisen. Verwendet wird sie vor allem bei der Bildung interner Verrechnungspreise.

Zu beachten ist, dass isolierte Aussagen über diese Kennzahl wenig Sinn macht. Die Personalkosten je Stunde werden oft international verglichen, jedoch muss hier die Produktivität an den verschiedenen Standorten berücksichtigt werden. Die Produktivität wird dabei zB vom Ausbildungsstand der beschäftigten Arbeitnehmer sowie den eingesetzten Produktionstechnologien beeinflusst. Mögliches Ziel ist die maximale Steigerung der Personalkosten je Stunde.[147]

Beispiel: Es werden nur die Personalkosten in der Fertigung betrachtet und diese betragen 7.429.200 Euro. Das Unternehmen besitzt 164 Mitarbeiter. Berechnet werden die Arbeitsstunden, indem man 42 Wochen (entspricht 210 Arbeitstage nach Abzug von Urlaub, Feiertagen und Krankheit) mit 38 Stunden pro Woche multipliziert und das ergibt 1.596 Stunden pro Mitarbeiter. Die 1.596 Stunden werden mit der Mit-

---

[144] Vgl. Walter (2006), S. 77.
[145] Vgl. Wöltje (2008), S. 331 f.
[146] Vgl. Staats (2009), S. 92.
[147] Vgl. Schulte (2012), S. 243.

arbeiteranzahl von 164 multipliziert und somit gibt es in diesem Unternehmen[148] 261.744 geleistete Arbeitsstunden. Somit kommt man hier auf ein Ergebnis von 28,38 €/Stunde (7.429.200/261.744).[149]

5.4.2 Personalbedarf und -entwicklung

Die nachfolgenden Kennzahlen fallen in den Bereich Personalbedarf sowie in die Personalentwicklung. Zu den wichtigsten personalwirtschaftlichen Aufgaben gehört die Ermittlung des Personalbedarfs. Ansätze zur Ermittlung des quantitativen Personalbedarfs mit Hilfe von Kennzahlen oder statistischen Methoden gibt es schon relativ lange. Langsamer dazu hat sich die quantitative Personalbedarfsplanung entwickelt.[150]

Kennzahlen zur Personalentwicklung erlauben Entwicklungen, Trends und Erfolgskontrollen messbar zu machen und werden vor allem in der zeitlichen Entwicklung sowie im Branchenvergleich angewendet. Zu beachten ist, dass die Erfolge und die Erreichung der Ziele in der Personalentwicklung nur bedingt quantitativ messbar sind, da immer mehrere Faktoren auf Leistungsveränderungen einwirken. In diesem Bewusstsein angewendet sind Kennzahlen ein gutes Steuerungsmittel zur Effektivität von strategischen und operativen Maßnahmen.[151]

5.4.2.1 Altersstruktur

Vielen Unternehmen fehlen genaue Kenntnisse über die aktuellen Altersstrukturen sowie über die organisationsdemografischen Entwicklungen auf die sich die Unternehmung in den nächsten Jahren einzustellen hat. Um die Personalpolitik strategisch auszurichten, ist die Altersstrukturanalyse mit anschließender Ableitung möglicher organisationsdemografischer Zukunftsszenarien notwendig.[152]

---

[148] Vgl. Wöltje (2008), S. 331 f.
[149] Vgl. Wöltje (2008), S. 331f.
[150] Vgl. Marx (1963), S. 38-53.
[151] Vgl. Tschumi (2006), S. 247.
[152] Vgl. Deller et al (2008), S. 39

In der heutigen Zeit ist in vielen Unternehmen festzustellen, dass die am stärksten vertretene Altersgruppe die 40- bis 50-Jährigen sind. Aufgrund des Gesetzes wird das Rentenalter immer weiter hochgeschraubt um das Rentensystem überhaupt[153] noch finanzierbar zu machen und dies ist erst der Anfang. Es stellt sich die Frage wie es weitergehen soll, wenn diese Beschäftigten in Rente gehen und dadurch ein großer Prozentsatz der Belegschaft wegfällt. Um dem Entgegenwirken zu können, muss eine Altersstrukturanalyse durchgeführt werden, um zu sehen, wo junges Personal aufgebaut und weiterentwickelt werden muss, um diese Plätze einzunehmen.

Vor der Durchführung einer Altersstrukturanalyse muss sich das Unternehmen überlegen welche Zahlen zur Darstellung sinnvoll sind. In den meisten Fällen wird eine einfache Darstellung mit absoluten Zahlen und Prozentwerten bevorzugt.[154]

Anhand der Altersstruktur, die sich daraus ergibt, gibt es einige Fragestellungen, die es gilt zu beantworten, um daraus Maßnahmen für die Zukunft abzuleiten. In Bezug auf die Mitarbeiterbindung sollte beachtet werden, ob künftig wichtige Entscheidungsträger fehlen werden. Essentiell ist der Blick auf die Rekrutierung. Sind eventuelle Neueinstellungen geplant, ist die Integration von Berufsrückkehrern geregelt bzw. inwiefern ist die Entwicklung der Arbeitsmarktsituation berücksichtigt. Ein wesentlicher Aspekt ist auch, ob der Entwicklungsbedarf der Mitarbeiter regelmäßig ermittelt wird bzw., ob die Altersstruktur bei der qualitativen und quantitativen Personalplanung mit einbezogen wird. Die Frage, ob bald wichtige Funktionsträger ausscheiden, ist sehr wichtig, vor allem aufgrund der Sicherung des Know-Hows. Es muss sich rechtzeitig darum gekümmert werden, dass das Erfahrungswissen von Alt auf Jung übertragen wird bzw., dass Beschäftigte, die bald ausscheiden werden, Wesentliches dokumentieren, damit kein Know-How verloren geht. In einem Unternehmen mit einem hohen Anteil von 40-50-Jährigen sollte es Gesundheitsförderungsmaßnahmen geben, damit die Belegschaft langfristig gesund und kompetent ihrer Arbeit nachgehen kann.[155]

Auf der nachfolgenden Seite ist eine einfache Auswertung bzw. Darstellung einer Altersstrukturanalyse mit einer Zukunftsprognose abgebildet.

---

[153] Vgl. Langhoff (2009), S. 55f.
[154] Vgl. Langhoff (2009), S. 55 f.
[155] Vgl. Gerisch et al (2010), S. 23.

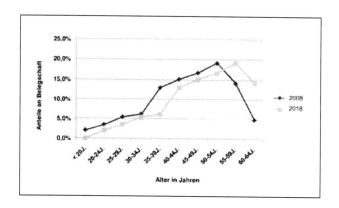

Abb. 14: Altersstrukturanalyse mit Zukunftsprognose[156]

5.4.2.2 Betriebszugehörigkeit

Eine Personalkennzahl, die zwar oft erhoben aber zu wenig interpretiert wird, ist die durchschnittliche Betriebszugehörigkeit. Verwendung findet diese bei Untersuchungen der Auswirkungen der demografischen Entwicklung, Ermittlung von Austrittskosten sowie bei der Erstellung von Zukunftsszenarien.

Ermittelt wird diese Kennzahl meist, indem die gesamte Summe der Betriebszugehörigkeit in Jahren durch alle Mitarbeiter nach Köpfen dividiert wird.

$$\text{Durchschnittliche Betriebszugehörigkeit} = \frac{\text{Summe der Betriebszugehörigkeiten aller Mitarbeiter}}{\text{Anzahl der Beschäftigten}}$$

Die Berechnung kann auch nach verschiedenen Bereichen bzw. Tätigkeiten erfolgen.[157] Diese Personalkennzahl wird meist jährlich erhoben, kann aber auch quartalsweise erfolgen.[158] Die dafür benötigten Daten werden gesamt aus der Personalabteilung entnommen.

Die durchschnittliche Betriebszugehörigkeit ist ein Maß für die Stabilität der Mitarbeiter sowie ein Indikator für die Zufriedenheit.[159]

---

[156] Quelle: Bruch et al (2010), S. 201.
[157] Vgl. Schübbe (2011), S. 84f.
[158] Vgl. Preißler (2008), S. 195.
[159] Vgl. Ossola-Haring (2006), S. 464.

Ein mögliches Ziel, dass mit dieser Kennzahl in Verbindung steht, ist die Schaffung einer altersmäßig ausgewogenen Mitarbeiterstruktur.

Häufig wird eine hohe durchschnittliche Betriebszugehörigkeit mit einer hohen Arbeitszufriedenheit der Beschäftigten in Zusammenhang gebracht. Zu beachten ist hierbei allerdings die Lage auf dem Arbeitsmarkt sowie das Durchschnittsalter der Belegschaft. Je älter die Mitarbeiter werden, desto geringer ist die Motivation in ein anderes Unternehmen zu wechseln. Eine Verringerung dieser Zahl kann auf eine Aufstockung der Belegschaft zurückzuführen sein.[160]

Bei einer Senkung der Betriebszugehörigkeit, die nicht aus einer Vergrößerung der Mitarbeiteranzahl resultiert, können einige Maßnahmen ergriffen werden. Es sollten attraktivere Arbeitsbedingungen geschaffen werden. Ein erster Schritt ist die Verbesserung der Löhne, Sonderzahlungen und Sozialleistungen sowie die Verbesserung der Entwicklungs- und Karriereperspektiven. Ratsam wäre auch eine Analyse der Arbeitgeber-Attraktivität der Konkurrenten sowie Austrittsinterviews, die[161] systematisch analysiert und ausgewertet werden. Als letzten Punkt können die Führungskompetenzen analysiert und mit geeigneten Maßnahmen verbessert werden.

Eng verbunden ist diese Kennzahl auch mit den Fähigkeiten eines Unternehmens und seiner Führungskräfte sich der Bedeutung der Mitarbeiterbindung bewusst zu sein und die Beschäftigten zu motivieren.

Beispiel: In einem Betrieb sind 10 Mitarbeiter beschäftigt, davon sind zwei 25 Jahre, vier jeweils 10 Jahre und die anderen vier zusammen 30 Jahre lang im Unternehmen. Das ergibt 120 Betriebszugehörigkeitsjahre und die werden durch die Anzahl der Beschäftigten (in diesem Fall 10) dividiert. Die durchschnittliche Betriebszugehörigkeit beträgt hiermit 12 Jahre, was je nach Branche und Unternehmenspolitik ein guter Wert sein kann.[162]

---

[160] Vgl. Schulte (2012), S. 189.
[161] Vgl. Hafner/Polanski (2009), S. 65 f.
[162] Vgl. Hafner/Polanski (2009), S. 65 f.

5.4.2.3 Anteil des Personalentwicklungsaufwands

In vielen Unternehmen werden Personalentwicklungsmaßnahmen durchgeführt, um Mitarbeiter zu fördern, ihr Wissen zu aktualisieren oder auf neue Aufgaben vorzubereiten. Dieser Bereich gehört meist zu den wesentlichsten Aufgaben des Personalmanagements.

Bei einer Umfrage 2008 mit 620 Unternehmen wurde nach den Tendenzen in Hinblick auf den Aufwand im Bereich der Personalentwicklung gefragt. Aus der nachfolgenden Abbildung ist ersichtlich, dass immer mehr für die Personalentwicklung ausgegeben wird.[163]

Abb. 15: Umfrage Personalentwicklungsaufwand[164]

Diese Kennzahl sollte von jedem Unternehmen zumindest jährlich ermittelt werden, um das Verhältnis der Personalentwicklungskosten zu den gesamten Personalkosten zu erkennen. Sie gibt an wie viel in die Personalentwicklung innerhalb einer Periode investiert wurde bzw. sie ist ein Maß für die Intensität der Personalentwicklung in einem Unternehmen.

Basisdaten hierfür sind die Personalentwicklungskosten zB Schulungsgebühren sowie die gesamten Personalkosten, die in einer Periode ausgegeben worden sind.[165]

---

[163] Vgl. Schmeisser et al (2009), S. 88.
[164] Quelle: Schmeisser et al (2009), S. 88 (leicht modifiziert).
[165] Vgl. Schulte (2002), S. 201.

Berechnet wird diese Kennzahl wie folgt:

$$\text{Personalentwicklungskostenanteil} = \frac{\text{Personalentwicklungskosten}}{\text{Gesamtpersonalkosten}} \times 100$$

Beispiel:

	Personalbestand	Löhne & Gehälter in Euro	Personalnebenkosten in Euro	Summe Personalkosten in Euro	Personalentwicklung
Summe	225	7.071.200	2.828.480	10.033.533	133.850

Tab. 8: Beispiel Personalentwicklungskostenanteil

Berechnung: 10.033.533/133.850x100=1,33 % Personalentwicklungskosten an den Gesamtpersonalkosten.[166]

5.4.3 Personalerhaltung und –einsatz

Die Personalerhaltung ist ein wesentlicher Bereich des Personalmanagements. Es umfasst alle Maßnahmen, die dazu dienen die Mitarbeiter ans Unternehmen zu binden sowie zu verhindern, dass es überhaupt zu Austrittgedanken kommt.[167]

Die Zuordnung der Mitarbeiter auf die verfügbaren Stellen wird als Personaleinsatz verstanden. Hierbei kann zwischen qualitativen, quantitativen, zeitlichen und räumlichen Personaleinsatz unterschieden werden. Der Aufgabenbereich des Personaleinsatzes umfasst die Einführung von neuem Personal und endet mit dem Ausscheiden der Mitarbeitenden aus der Organisation.[168]

5.4.3.1 Mehrarbeitsquote

Die Mehrarbeitsquote, die auch als Überstundenquote bezeichnet wird, gibt den Grad der Abweichung vom geplanten Personaleinsatz an bzw. die Überschreitung der Kapazitätsgrenze sowie die durchschnittliche Belastung der Mitarbeiter mit Mehrarbeit.

---

[166] Vgl. Wöltje (2008), S. 380.
[167] Vgl. Hentze (1995), S. 23.
[168] Vgl. Friedrich (2010), S. 33.

$$\text{Mehrarbeitsquote} = \frac{\text{Ist-Arbeitszeit} - \text{Soll-Arbeitszeit}}{\text{Soll-Arbeitszeit}} \times 100 \ [169]$$

Erhoben werden kann diese Kennzahl wöchentlich, monatlich sowie jährlich. Empfohlen ist die Erhebung zumindest monatlich, da die Kosten die durch Überstunden anfallen sehr hoch sind und damit rechtzeitig auf die Mehrarbeit reagiert werden kann.[170] Die Daten, die für die Berechnung nötig sind, können aus der Personalabteilung und/oder der Lohnbuchhaltung entnommen werden. Diese Kennzahl ist vor allem im Vergleich zwischen Zeiteinheiten, Abteilungen und einzelnen Mitarbeitern interessant und da Arbeitsstunden, die über die tarifvertraglich vereinbarte Arbeitszeit hinausgehen mit Zuschlägen zu entlohnen sind, sollte die Mehrarbeitsquote regelmäßig erhoben werden. Wenn die Überstundenquote ansteigt, hat demnach der Anteil der Überstunden an der gesamten Arbeitszeit zugenommen. Um dem Entgegenzuwirken können einige Maßnahmen eingeleitet werden.

Zu allererst ist zu überprüfen, ob die geleisteten Überstunden tatsächlich begründet bzw. notwendig waren. Ist dies der Fall, könnte eine effektivere Arbeitszeiteinteilung zu einer Verminderung der Überstunden führen. Sinnvoll könnten in diesem Zusammenhang auch eine fachliche Schulung sowie die Vermittlung von Know-How in Zeitmanagement sein. Gegebenenfalls muss eine starke Steigerung der Überstunden über mögliche Neueinstellungen zum Anlass genommen werden, sowie über Outsourcing an externe Dienstleister nachgedacht werden.

Zu beachten ist aber, dass man in einigen Fällen eine gestiegene bzw. hohe Mehrarbeitsquote akzeptieren muss, ohne entsprechende Gegenmaßnahmen[171] einzuleiten. Vor allem dann, wenn zB nur für kurze Zeit die Kapazitätsspitzen erreicht werden, die im Laufe der Zeit wieder abfallen.

<u>Beispiel</u>: Es werden in einem Unternehmen in einem Monat 5.000 Arbeitsstunden geleistet, darunter auch 500 Überstunden. Folglich gibt es in diesem Betrieb eine Mehrarbeitsquote von 10 % ((500/5000)x100).[172]

---

[169] Vgl. Dilcher/Hammerschlag (2013), S. 117.
[170] Vgl. Wöltje (2008), S. 318.
[171] Vgl. Schneider/Henning (2008), S. 327 f.
[172] Vgl. Schneider/Henning (2008), S. 327 f.

5.4.3.2 Krankheitsquote

Ein großer Kostenfaktor in jedem Unternehmen ist das Fortbleiben der Mitarbeiter durch Krankheiten. Sind Mitarbeiter erhöhten physikalischen Belastungen wie zum Beispiel Staub, Schmutz, Lärm etc. oder erhöhten psychischen Belastungen ausgesetzt, resultiert das oft in lange und häufige krankheitsbedingte Fehlzeiten. Somit lässt sich sagen, dass viele Erkrankungen mittelbar oder unmittelbar mit den Tätigkeiten am Arbeitsplatz zusammen hängen und somit sollte jedes Unternehmen mit geeigneten Maßnahmen dem entgegen wirken.

Einige Unternehmen gehen über die gesetzlichen Vorgaben hinaus und bieten freiwillige Maßnahmen der Gesundheitsvorsorge an. Beispiele dafür sind Rückenschulungen, Herz-Kreislauf-Trainings sowie besondere Hilfsmittel am Arbeitsplatz. Zu beachten ist aber, dass diese Maßnahmen planvoll einzusetzen sind, das bedeutet, dass nur diejenigen davon profitieren sollten, die es benötigen. Die Unternehmen sind demnach gefragt, sich mit dem Thema Gesundheit bzw. Krankheit auseinanderzusetzen.[173]

Ein erster Schritt ist im Unternehmen die Krankheitsquote zu ermitteln und anschließend zu analysieren. Diese Kennzahl zeigt auf, wie hoch der Anteil an Arbeitstagen ist, an denen Mitarbeiter krank waren und nicht zur Arbeit gekommen sind. Somit sagt sie nicht nur etwas zum Gesundheitszustand, sondern auch zur Motivation der Beschäftigten.

$$\text{Krankheitsquote} = \frac{\text{Anzahl der krankheitsbedingten Fehltage}}{\text{Anzahl der Soll-Arbeitstage}} \times 100 \text{[174]}$$

Die dafür benötigten Daten kommen zur Gänze aus der Personalabteilung und bei der Ermittlung ist grundsätzlich keine Differenzierung nach Teilzeit- und Vollzeitkräften nötig, da die Bemessungsgrundlage die Tage sind. Sinnvoll könnte aber eine anteilige Anrechnung der Teilzeitkräfte mit Hilfe von Vollzeitäquivalenten sein, da Krankheitskosten einer Vollzeitkraft an einem Fehltag höher sind.

---

[173] Vgl. Haubrock/Öhlschlegel-Haubrock (2009), S. 170.
[174] Vgl. Schneider/Henning (2008), S. 174 ff.

Wie schon erwähnt sind Krankheiten der Mitarbeiter mit immens hohen Kosten verbunden. Nicht nur, dass das Unternehmen den Lohn bzw. das Gehalt bei Krankheit weiter zahlen muss, es erhält auch keine Arbeitsleistung. Dazu kommen noch organisatorische Schwierigkeiten, die durch das Fehlen begründet sind, die oft durch Mehrarbeit von anderen Mitarbeitern ausgeglichen wird und daher wieder mehr Kosten verursachen.

Bei der Analyse ist ein Vergleich mit vorherigen Perioden, anderen Unternehmensbereichen bzw. anderen Unterenehmen interessant. Grundsätzlich ist eine niedrige Krankheitsquote anzustreben. Steigt die Krankheitsquote im Vergleich zum Vorjahr, sollte man den allgemeinen Gesundheitszustand, die Motivation der Mitarbeiter sowie das Betriebs- und Arbeitsklima auf den Prüfstand stellen. In einem Produktionsbetrieb sollte auch ein Blick auf die Unfallstatistik geworfen werden, ob eine Verbesserung des Arbeitsschutzes die Quote senken könnte. Bei der Beurteilung sollten auch saisonale Schwankungen miteinbezogen werden, zB Grippewellen. Zu beachten ist aber, dass die Krankheitsquote lediglich einen Überblick über die Erkrankungen der Mitarbeiter gibt, nicht aber wieviele Mitarbeiter wielange krank waren. Zu diesem Zweck müssen die durchschnittlichen Krankentage noch zusätzlich ermittelt werden, um zu sehen, ob Mitarbeiter speziell freitags bzw. montags fehlen bzw., ob es Langzeiterkrankungen gibt, die die Quote in die Höhe treiben.[175]

Beispiel: Einem Unternehmen standen im letzten Monat insgesamt 4.500 Arbeitstage (225 Mitarbeiter x 20 Tage) als Sollarbeitszeit zur Verfügung. Die zwanzig ausgefallenen Mitarbeiter hatten gesamt 134 Kankheitstage verursacht.

Krankheitsquote = $\frac{134}{4.500}$ x 100 = 2,98 %[176]

Somit gibt es in diesem Unternehmen eine Krankheitsquote von ca. 3 % und somit hält sich dieses Ergebnis noch im Rahmen.[177]

---
[175] Vgl. Schneider/Henning (2008), S. 174 ff.
[176] Vgl. Wöltje (2008), S. 320.
[177] Vgl. Wöltje (2008), S. 320.

5.4.3.3 Fluktuationsquote

Eine Kennzahl, die in den Bereich Motivation fällt, ist die Fluktuationsquote. Zu beachten ist, dass Sie keinesfalls als Indikator für die Leistungsbereitschaft von Mitarbeitern herangezogen werden kann, da zB ein Mitarbeiter, der bei einem hochinteressanten Projekt mitgearbeitet hat, das Unternehmen nach erfolgreicher Beendigung des Projekts verlässt, auch darunter fällt. Grundsätzlich kann gesagt werden, dass die Fluktuation lediglich ein Indikator für die Bindungsbereitschaft der Mitarbeiter ist. Vor allem Mitarbeiter, die eine sehr hohe Leistungsbereitschaft an den Tag legen, können in einem unmotivierenden Umfeld sehr rasch in eine Situation kommen, in der sie überlegen das Unternehmen zu verlassen. Zu beachten ist aber auch, dass eine natürliche Fluktuation beim Umbau der Personalstruktur sinnvoll sein kann. Tatsache ist, dass durch die Fluktuation von Mitarbeitern sehr hohe Kosten anfallen und diese deshalb, so gut es geht, reduziert werden müssen.[178]

Grundsätzlich versteht man unter der Fluktuation die Mitarbeiter die freiwillig das Unternehmen verlassen, das bedeutet sie zeigt, wie viel Prozent der Gesamtbelegschaft in einem Jahr den Betrieb verlassen hat. Es gibt drei verschiedene Formen der Fluktuation. Bei der natürlichen Fluktuation handelt es sich um Austritte durch Pensionierungen, Ende des Zeitvertrages, Arbeitsunfähigkeit sowie Tod. Die unternehmensinterne Fluktuation betrifft Austritte durch Konzernwechsel innerhalb des Unternehmens oder Versetzung. Die dritte Form ist besonders in der Praxis relevant. Hierbei geht es um unternehmensfremde Fluktuation, das heißt Mitarbeiter wechseln in ein fremdes Unternehmen entweder aufgrund von Kündigungen oder durch einen Aufhebungsvertrag. Diese Fluktuationsart ist vor allem aufgrund des hohen Know-How Verlustes mit einem hohen Aufwand verbunden.[179]

Die allgemeine Formel zur Berechnung der Fluktuationsquote ist nachfolgend abgebildet.

$$\text{Fluktuationsquote} = \frac{\text{Zahl der Austritte im Jahr}}{\text{durchschnittliche Zahl der Beschäftigten}} \times 100$$

---

[178] Vgl. Scholz/Sattelberger (2013), S. 126.
[179] Vgl. Hafner/Polanski (2009), S. 79.

Wie schon erwähnt stellt die Fluktuation einen erheblichen Kostenfaktor für ein Unternehmen dar, vor allem durch die Einstellungskosten, die von neuen Mitarbeitern verursacht werden. In diesem Zusammenhang muss auch der Verlust von wertvollem Know-How bei Verlust von guten Mitarbeitern erwähnt werden.

Beim Versuch die Fluktuation zu vermindern, braucht es aussagefähige Fluktuationsstatistiken, die zeigen in welchen Abteilungen bzw bei welchen Funktionen/Berufen die Fluktuation am höchsten ist. Die Kennzahl an sich sagt nichts über die Motive bei einem Austritt. Somit ist ein Kündigungsgespräch ein sehr sinnvolles Instrument, um die Kündigungsgründe herauszufinden. Nur so hat das Unternehmen auch die Chance auf innerbetriebliche Schwachstellen zu stoßen, die möglicherweise zur Kündigung geführt hat.[180]

Bei der Berechnung sollte darauf geachtet werden gewollte Austritte aus[181]

Unternehmenssicht sowie nicht beeinflussbare Austritte zB aufgrund des Alters nicht miteinzubeziehen. Berücksichtigt werden demnach nur freiwillige Austritte der Mitarbeiter, die auch wieder nachbesetzt werden müssen. Ungeeignet ist diese Kennzahl für die Ermittlung der Mitarbeiterzufriedenheit sowie für einen Zusammenhang zum Commitment eines Unternehmens. Grund dafür ist sicherlich der große Abstand der Erhebung, da dies meist jährlich geschieht und zwischen Kündigungsentschluss und dem Auftauchen in der Fluktuationsquote jede Menge Zeit vergeht. Demnach ist diese Kennzahl für wirksame Gegenmaßnahmen aufgrund des zeitlichen Abstands theoretisch nicht geeignet. Nichtsdestotrotz wird in der unternehmerischen Praxis diese Kennzahl genau dafür verwendet.[182]

Die Interpretation dieser Kennzahl sollte demnach vorsichtig von statten gehen. Erhöht sich die Fluktuationsrate von einem Jahr auf das andere gibt es dafür viele verschiedene Gründe. Ein möglicher Grund für einen plötzlichen Anstieg kann ein Mitbewerber in regionaler Nähe sein, der den Mitarbeitern mehr Gehalt bietet.[183] Eine hohe Fluktuationsquote ist auch auf Mängel und Fehler in der Personalauswahl sowie in der Führungsqualität zurückzuführen. Bei der Interpretation sollte stets nach Austrittsgründen gegliedert werden und großes Gewicht sollten solchen Austritten

---

[180] Vgl. Weber (2006), S. 97.
[181] Vgl. Klein (2012), S. 54 f.
[182] Vgl. Klein (2012), S. 54 f.
[183] Vgl. Lisges/Schübbe (2009), S. 189.

gegeben werden, die auch sehr hohe Kosten verursachen. Außerdem ist es oft so, dass die Fluktuationsquote mit der Wirtschafts- bzw. Arbeitsmarktkonjunktur schwankt.

Wünscht sich das Unternehmen eine niedrigere Fluktuationsquote so können einige Maßnahmen eingeleitet werden, je nachdem welche Gründe es für die Austritte gibt. Wichtig sind in diesem Zusammenhang die Schaffung von attraktiven Arbeitsbedingungen sowie die Verbesserung von Löhnen, Sonderzahlungen und Sozialleistungen. Desweiteren bietet es sich an Entwicklungs- und Karriereperspektiven zu verbessern und die Arbeitgeber-Attraktivität der Konkurrenz zu analysieren. Wie schon erwähnt sollten auch Austrittsgespräche geführt werden, um etwaige Fehler bzw. Mängel im Betrieb oder innerhalb der Führung aufzudecken und diese durch geeignete Maßnahmen zu verbessern.[184]

Ist es ein Ziel die Fehlzeitenrate zu reduzieren, gibt es eine Reihe von Aufgaben die vom Personalcontrolling durchzuführen sind. Nachfolgende Abbildung zeigt den Regelkreis für das Personalcontrolling für diesen Fall.[185]

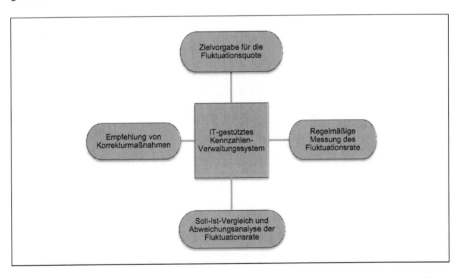

Abb. 16: Regelkreislauf für das Personalcontrolling bei Anpassung der Fluktuationsrate[186]

---

[184] Vgl. Hafner/Polanski (2009), S. 66 ff.
[185] Vgl. Wickel-Kirsch et al (2008), S. 142.
[186] Quelle: In Anlehnung an Wickel-Kirsch et al (2008), S. 142.

Beispiel: Im Jahr 2005 sind in einem Unternehmen im Durchschnitt 225 Mitarbeiter beschäftigt. Davon sind fünf Mitarbeiter ausgetreten und wurden durch neue Mitarbeiter ersetzt.

$$\text{Fluktuationsrate} = \frac{5}{225} \times 100 = 2{,}22\ \%$$

Demnach ist in diesem Unternehmen die Fluktuationsquote bei 2,22 %. Insgesamt ist dies ein guter Wert und zeigt, dass nur wenige Arbeitsverhältnisse aufgelöst wurden.[187]

5.4.3.4 Fehlzeitenquote

Die Abwesenheit vom Arbeitsplatz ist ein erheblicher Kostenfaktor für jedes Unternehmen und ist daher eine weitere Verlustquelle auf die geachtet werden muss. Die Fehlzeitenquote zeigt wie der Name schon sagt, das Verhältnis der Fehlzeiten an.[188] Ermittelt werden kann hier gruppenbezogen oder personenbezogen und angeraten wird in der Literatur dies einmal jährlich zu machen. Personenbezogen bedeutet, dass man eine Fehlzeitenquote für eine bestimmte Person ermitteln kann. Gruppenbezogen hingegen bedeutet die Ermittlung nach bestimmten organisatorischen Gesichtspunkten oder nach Berufsgruppen, Geschlecht, Alter, Betriebszugehörigkeit usw.

$$\text{Fehlzeitenquote} = \frac{\text{Fehlzeiten (Tage/Stunden)}}{\text{Sollarbeitszeit (Tage/Stunden)}} \times 100\ [189]$$

Eine gruppenbezogene Fehlzeitenquote ist notwendig, um eine hohe Quote abbauen zu können, die für eine detaillierte Fehlzeitenstatistik notwendig ist. Die Führungskräfte können daraus schließen in welchen Abteilungen, Berufsgruppen oder ähnlichen Gruppierungen die meisten Fehlzeiten zusammenkommen und diese können sie dann analysieren warum das so ist und geeignete Maßnahmen einleiten. Die Fehlzeitenquote sollte desweiteren aufgegliedert werden in Krankheit, Unfall, Mutterschutz und Weiterbildung.

---

[187] Vgl. Wöltje (2008), S. 319.
[188] Vgl. Weber (2006), S. 95.
[189] Vgl. Preißler (2008), S. 197 f.

Sehr aufschlussreich kann die personenbezogene Fehlzeitenquote sein wobei die Fehlzeitenquote eines einzelnen Mitarbeiters ermittelt wird.[190]

Ein Fehler der Geschäftsführung ist es jedoch die Fehlzeitenquote über alles zu stellen. Befindet sich die Fehlzeitenquote im Normbereich, muss noch lange nicht alles in Butter sein und die Produktivität ist gesichert. Sind zum Beispiel alle Mitarbeiter da, kann das auch gut sein, dass einige innerlich gekündigt haben oder sie krank zur Arbeit gekommen sind, aus Angst gefeuert zu werden und dann stimmt zwar die Quote, aber die Leistung trotzdem nicht. Es gibt mittlerweile entsprechende Studien zum Thema Präsentismus, also Kosten die entstehen, durch die[191] Anwesenheit von kranken Mitarbeitern und die liegen deutlich über denen des Absentismus (sprich Mitarbeiter, die ohne krank zu sein, daheim bleiben). In einer Studie der Bertelsmann-Stiftung kam heraus, dass sich 71 % der Deutschen in den 12 Monaten vor dem Untersuchungszeitpunkt mindestens einmal zur Arbeit gegangen sind obwohl sie krank waren, da sie Angst hatten gekündigt zu werden. Auf lange Sicht ist Angst ein Krankheitstreiber dessen Kosten aber nicht so leicht erfassbar sind wie die Ausfallkosten, deshalb kümmern sich die wenigsten darum.[192]

Die Ermittlung der Fehlzeitenquote ist aber auf jeden Fall der erste Schritt in die richtige Richtung, wenn es um das Gesundheitsmanagement in einem Unternehmen geht, wenn man das gruppenbezogen und wenn notwendig personenbezogen macht. Wichtig ist zu wissen, dass diese Kennzahl alleine recht wenig aussagt und ihre Funktion eher darin liegt zu sehen in welchen Abteilungen, Teams etc. es brennt.[193]

In der Regel kann man aus der Länge der bestehenden Arbeitsunfähigkeit einiges herauslesen. Ist ein Mitarbeiter lange krank und das über die Lohnfortzahlung hinaus, kann man davon ausgehen, dass eine ernste Krankheit vorliegt. In diesem Fall kann dem Mitarbeiter eine arbeitsmedizinische Beratung angeboten werden, um krankheitsbedingte Probleme im Zusammenhang mit der beruflichen Tätigkeit zu erkennen, zu vermeiden bzw. vorzubeugen. Desweiteren können die Betriebsärzte frühzeitig Empfehlungen zur weiteren beruflichen Tätigkeit bzw. zur Rehabilitation aussprechen.

---

[190] Vgl. Weber (2006), S. 95.
[191] Vgl. Matyssek (2012), S. 165 f.
[192] Vgl. Matyssek (2012), S 165 f.
[193] Vgl. Matyssek (2013), o. S.

Fehlen Mitarbeiter häufig aber nur kurzfristig können auch diese Ursachen im Arbeitsumfeld liegen oder auf betriebliche Besonderheiten hinweisen. Auch hier sollte eine Kontaktaufnahme der Betriebsärzte mit dem Mitarbeiter erfolgen.[194] Zu beachten ist in so einem Fall auch wann genau diese Mitarbeiter fehlen. Wenn dies oft einen Tag vor oder nach dem Wochenende ist, kann dies auf motivationsbedingte Fehlzeiten zurückzuführen sein.[195] Zu beachten ist, dass die Fehlzeitenquote in Ländern mit Lohnfortzahlung höher ist.[196]

In der vorangegangen Interpretation wurden mögliche Ursachen des Krankenstandes geliefert. Die Eingrenzung nach Beschäftigungsgruppen, Kostenstellen, Zeiträumen etc. kann sehr hilfreich sein, um mögliche Maßnahmen zur Senkung der Fehlzeiten vorzubereiten. Die Gründe warum Mitarbeiter in der Arbeit fehlen, können sehr vielfältig sein. Einen großen Beitrag dazu kann auch eine Anaylse des Arbeitsumfeldes leisten. Hierbei kann man unter physikalischen und psychischen Faktoren unterscheiden. Zu den physikalischen zählen zB Lärm, Wetter, Luft, Beleuchtung und Temperatur. Diese können krankheitsauslösend sein und führen dazu, dass Arbeiter ihrer Arbeit krankheitsbedingt nicht nachkommen können. Zu den psychischen Faktoren gehören zB Über- bzw. Unterforderung, Stress, Unzufriedenheit sowie systematische Schikanen innerhalb der Belegschaft zur Lasten einzelner Mitarbeiter. Diese Faktoren führen vor allem bei nicht eindeutigen Fällen dazu eher am Arbeitsplatz zu erscheinen oder zu fehlen. Ein Mitarbeiter der zufrieden ist, wird eher mit Krankheitssymptomen zur Arbeit erscheinen als einer der sich unwohl fühlt.[197]

Um Fehlzeiten abzubauen muss die Ursache für den Krankenstand analysiert werden und man kann auch in regelmäßigen Abständen, Gesundheitsprüfungen durch den Betriebsarzt durchführen lassen. Desweiteren empfiehlt sich das Führen von Mitarbeitergesprächen sowie die Verbesserung des Arbeitsumfeldes.[198]
Ab wann die Geschäftsführung handeln muss, bleibt jedem Unternehmen selber überlassen, ab wann die Toleranzgrenze der Fehlzeitenquote überschritten ist. Hierbei sollten auch noch weitere Aspekte berücksichtigt werden zB das jüngere Mitarbeiter zwar öfter fehlen aber die älteren Mitarbeiter dafür länger.

---

[194] Vgl. Jancik (2002), S. 139.
[195] Vgl. Lisges/Schübbe (2014), S. 254.
[196] Vgl. Weber (2006), S. 95.
[197] Vgl. Lisges/Schübbe (2014), S. 254 ff.
[198] Vgl. Weber (2006), S. 95 f.

Als Fazit kann gesagt werden, dass die Fehlzeiten von Arbeitnehmern einen nicht zu vernachlässigenden und in Teilen betrieblich beeinflussbaren Kostenblock darstellt. Fehlzeitenmanagement sollte in diesem Zusammenhang aber nicht verwechselt werden mit der Jagd auf sogenannte „Blaumacher". Vielmehr sollte das Personalcontrolling helfen die subjektiven Eindrücke von Fehlzeiten zu objektivieren und versuchen die Wirksamkeit möglicher Maßnahmen zu überprüfen. Neben der Fehlzeitenquote kann auch ein Klima-Index erstellt werden, der eine besondere Form der Mitarbeiterbefragung darstellt. Hierbei geht es um die Zufriedenheit, aber auch[199] um das Wohlbefinden des Mitarbeiters. Das ist mit einem relativ geringen bismittleren Aufwand verbunden, der aber in Verbindung mit den Fehlzeiten zu einer Verringerung der Fehlzeitenquote führen kann. Ein wesentlicher Aspekt ist auch ein Gesundheitsmanagement in das Unternehmen einzuführen, damit der Mitarbeiter die Verantwortung für die eigene Gesundheit entwickelt und dadurch auch dem Unternehmen helfen kann Präsentismus zu verhindern.[200] Viele Unternehmen bzw. auch die Geschäftsführung denkt oft, dass die Umsetzung eines wirksamen betrieblichen Gesundheitsmanagement zu teuer ist.

Dazu ein kleines Rechenbeispiel: Wir nehmen an in einem mittelgroßen Unternehmen gibt es ca. 1.000 Mitarbeiter mit einer Fehlzeitrate von 3 %. Das klingt an sich nach nicht wirklich viel, aber es bedeutet, dass Mitarbeiter an ca. 8.750 Tagen pro Jahr nicht die geplante Arbeit verrichtet haben. Angenommen ein Fehlzeittag verursacht Kosten von 480 Euro (ca. 60 Euro pro Stunde inklusive Lohnnebenkosten), kommt man zu einem Kostenpotential von 4,2 Millionen Euro. Wenn durch die Umsetzung eines Gesundheitsmanagements gelingt die Hälfte dieses Kostenpotentials zu nutzen, sollte dies Motivation genug sein mit der Umsetzung anzufangen.[201]

---

[199] Vgl. Lisges/Schübbe (2014), S. 254 ff.
[200] Vgl. Lisges/Schübbe (2014), S. 254 ff.
[201] Vgl. Kaminski (2013), S. 7.

5.5 Grenzen von Personalkennzahlen

Ein großer Vorteil von Kennzahlen, ist sicherlich, die eindeutige Festlegung der Ziele und dass diese damit überprüft werden können. Außerdem ermöglichen sie – bei geeigneter Beschaffenheit – den Aufbau eines Frühwarnsystems sowie den Vergleich mit früheren Perioden oder anderen Unternehmen. Eine erste Orientierung schaffen Kennzahlen, indem sie die Systems- und Umweltkomplexität verdichten und reduzieren. Genau hier werden die Grenzen von Personalkennzahlen und Kennzahlen im Allgemeinen gezeigt. Durch die Vereinfachung und Reduktion werden oft zu vereinfachte Zusammenhänge geschlossen. Der Sinn hinter Kennzahlen ist genau dieser und zwar das Finden von Anhaltspunkte und ein schneller Überblick über bestimmte Situationen.

Die Schwierigkeiten, die bei der Verwendung von Kennzahlen auftreten, betrifft vor allem die Auswahl. Hierbei sollte darauf geachtet werden, ob die Kennzahl überhaupt das Richtige misst bzw. sie überhaupt eine Aussage über die Realität trifft. Desweiteren stellt sich die Frage, ob es überhaupt allgemein gültige Zahlen gibt. Ratsam ist für jedes Unternehmen die Kennzahlen, die sie verwenden, zu hinterfragen und an die Wirtschaft, die sich im Zeitverlauf ändert, anzupassen. Ein weiteres Problem kann bei den Informationen auftreten und zwar, ob diese überhaupt steuerungsrelevant sind bzw., ob man anhand der daraus gewonnenen Daten überhaupt Managemententscheidungen treffen kann. Beachtet werden muss in diesem Zusammenhang auch, dass es bei der Verdichtung von Informationen zu zu wenig aussagekräftigen Ergebnissen kommen kann.[202] Es macht auch wenig Sinn zu viele Kennzahlen zu verwenden, weil hier der Blick auf das Wesentliche verborgen bleibt.[203]

Fehler können auch bei der Erhebung erfolgen und das kann manipulativ bzw. bewusst geschehen. Die Gefahr der Manipulation ist vor allem da groß, wo die Kennzahlen mit einem Anreizsystem verbunden sind.[204] Es gibt aber auch anwendungsbedingte Grenzen von Kennzahlen. Die Person, die Kennzahlen nutzt[205] bzw. an-

---

[202] Vgl. Engelfried (2005), S. 285.
[203] Vgl. Schulte (2002), S. 69.
[204] Vgl. Reinecke (2000), S. 42.
[205] Vgl. Staudt et al. (1985), S. 111.

wendet, kann durch mangelndes Wissen die eigentliche Bedeutung erheblich beschränken.[206]

Eine Fehlerquelle gibt es auch bei der letztendlichen Interpretation. Es macht wenig Sinn einzelne isoliert betrachtete Kennzahlen nebeneinander zu stellen, denn so sind sie nur begrenzt aussagefähig.[207] Fehlinterpretationen gibt es auch oft bei falschen Standardisierungen bzw. bei Vergleichbarkeiten von Kennzahlen, die gar nicht möglich sind.[208]

Die erwähnten Grenzen von Kennzahlen müssen bei der Anwendung beachtet werden, um diese bestmöglichst verwenden zu können.[209]

Jedoch sollte doch die Nützlichkeit von Kennzahlen und Kennzahlensystemen betont werden. Sie stellen in der Wissenschaft und Praxis ein geeignetes Hilfsmittel dar Untersuchungen in Unternehmen vorzunehmen sowie sich Urteile zu bilden. Durch die richtige Anwendung bei der Ermittlung von Kennzahlen werden Datenmassen komprimiert und es entsteht schnell ein erster Eindruck über den Sachverhalt.[210]

---

[206] Vgl. Staudt et al (1985), S. 111.
[207] Vgl. Jansen (2008), S. 134.
[208] Vgl. Schulte (2002), S. 154.
[209] Vgl. Sandt (2004), S. 29.
[210] Vgl. Hauschildt (1996), S. 3.

6 Anwendung von Personalkennzahlen

In den Kapiteln zuvor, wurde schon viel über die Grundlagen bzw. die Kennzahlen an sich erzählt. Hier geht es um die eigentliche Anwendung, Entwicklung, das Verstehen und die Darstellung von Personalkennzahlen sowie um die Anwendung in der Praxis.

6.1 Entwicklung von Personalkennzahlen

Ganz vereinfacht gesagt entstehen Kennzahlen, indem Informationen immer weiter verdichtet werden und man diese zu anderen Informationen in Beziehung stellt. Die Entstehung von Personalkennzahlen erfolgt, indem Teilgruppen der Belegschaft miteinander verglichen werden, die Entwicklung verschiedener Mitarbeitergruppen im Zeitverlauf dargestellt werden oder aufgrund von Vergleichen gleichartiger Personengruppen, interner oder externer Natur (zB Benchmarking).[211]

Um überhaupt Kennzahlen in einem Unternehmen entwickeln zu können, müssen einige Sachverhalte geklärt sein. Zuerst muss klar sein welches Ziel mit dem Einsatz von Kennzahlen verfolgt wird sowie welche Kennzahlen dafür in Frage kommen bzw.welche Kennzahlen dafür entwickelt werden müssen.[212] Daraufhin muss festgelegt werden für wen diese Kennzahlen berechnet werden sollen bzw. in welchem zeitlichen Abstand. Bezüglich der Kennzahl ist dann zu ermitteln, ob hier eine absolute oder eine Verhältniszahl bessere Ergebnisse liefert. Ein wichtiger Aspekt in diesem Zusammenhang ist auch der inhaltliche Bezug d.h. es müssen die Komponenten, die in diese Kennzahl hineinfließen genau abgegrenzt werden.[213]

Danach muss ermittelt werden woher die Daten kommen sollten, ob es somit unternehmensinterne oder unternehmensexterne Daten sind bzw., ob es sich um primäre bzw. sekundäre Erhebungen handelt. Bei den primären Erhebungen müssen neue Daten erhoben werden, bei den sekundären Erhebungen handelt es sich um Daten die bereits in einem anderen Kontext erhoben worden sind. In der Praxis ist es so, dass die Datengrundlagen nicht für eine Kennzahl ermittelt werden, sondern für alle Personalkennzahlen.[214] Festzulegen ist auch der zeitliche Bezug, sprich wann die

---

[211] Vgl. Klein (2012), S. 45.
[212] Vgl. Staudt et al. (1985), S. 66.
[213] Vgl. Potthoff/Trescher (1986), S. 238 f.
[214] Vgl. Klein (2012), S. 45.

Ermittlung der Kennzahlen stattfinden soll und zum Schluss sollen auch noch[215] Erhebungsvorschriften festgehalten werden, damit die Ermittlung immer gleich erfolgt.[216]

Um Kennzahlensysteme herzuleiten, gibt es zwei unterschiedliche Richtungen: die logische und die empirische Herleitung. Bei ersterer wird an den definitionslogischen bestehenden Beziehungen zwischen den Kennzahlen sowie an den mathematischen Transformationen angesetzt, um dann Kennzahlen abzuleiten und eine Struktur zwischen ihnen festzulegen. Eines der bekanntesten Kennzahlensysteme das Du-Pont-Kennzahlensystem wurde mittels logischer Herleitung entwickelt.[217] Es ist jedoch sehr unrealistisch die relevanten Unternehmensgrößen miteinander definitionslogisch zu verknüpfen.

Die empirische Herleitung wird in der Praxis eher selten angewendet aufgrund der Vorgangsweise. Es werden mittels empirisch-theoretischer Herleitung Hypothesen über Zusammenhänge der Realität aufgestellt und diese müssen empirisch überprüft werden. Das Problem besteht darin, dass es in der Betriebswirtschaftslehre nur wenige bestätigte Hypothesen gibt und darum wird diese Herleitung nicht oft umgesetzt. Eine andere Möglichkeit ist eine empirisch-induktive Herleitung. Hierbei werden Kennzahlen aufgrund von Erfahrungswissen mittels statistischen Datenauswertungen entwickelt. Um Hypothesen aufzustellen, kann eine Faktoranalyse bzw., wenn es sich um existierende Zusammenhangsvermutungen handelt, eine Regressionsanalyse durchgeführt werden. Bei der Entwicklung einer Balanced Scorecard bietet sich vor allem letzteres an, da einerseits das Erfahrungswissen der Manager miteinbezogen wird und andererseits wird auf theoretische Erkenntnisse der Wissenschaft zurückgegriffen.[218]

---

[215] Vgl. Schott (1991), S. 24 f.
[216] Vgl. Töpfer (1992), Spalte 1.726 f.
[217] Vgl. Küpper (1997), S. 326 ff.
[218] Vgl. Wall (2001), S. 67-69.

6.2 Darstellung von Personalkennzahlen

Ist die Phase der Ermittlung der Kennzahlen beendet muss überlegt werden, wie diese am besten dargestellt werden. Damit sie auch wirklich informieren, sollten sie visualisiert und empfängerorientiert aufbereitet werden. Es gibt drei wesentliche Möglichkeiten, die sich zur Darstellung anbieten. Die Kennzahl kann entweder als Einzelkennzahl in Form einer Tabelle dargestellt werden oder der Berechnungsweg der Kennzahl kann visualisiert werden oder es besteht die Möglichkeit die Kennzahl als Dateneckblatt oder als Cockpit abzubilden. Welche der drei Optionen der Darstellungen in Frage kommt, hängt schlussendlich auch vom Kunden bzw. dem Empfänger ab.

Bei der Visualisierung einer Einzelkennzahl kann es hilfreich sein, die Zahlen mittels 1000er-Trennzeichen in Ziffernblöcke aufzuteilen und diese auf maximal drei Stellen zu verkürzen und einen Maßstab einzuführen zB 1.000 Tsd. Es ist leider so, dass eine Einzelkennzahl alleine nichts aussagt, darum ist es ratsam Plan-/Soll-Zahlen den Ist-Zahlen gegenüberzustellen. Empfehlenswert kann hier die Verwendung von Symbolen oder der Farben einer Ampel sein. Nachfolgend ein Beispiel wie das Ganze aussehen kann:

	Plan	Ist	Δ	
Personalentwicklungskosten (Mio. €)	95	10	+ 5 %	↗

Tab. 9: Abbildungsmöglichkeit einer Einzelkennzahl[219]

Statistisch gesehen werden 70 % aller aufgenommen Informationen durch Wiederholung langfristig gespeichert. Das kann bei der zweiten Darstellungsform ausgenützt werden, indem der Berechnungsweg der Kennzahl visualisiert wird. Auf der nächsten Seite gibt es zum Berechnungsweg des Return on Investment ein Beispiel der Darstellung.[220]

---

[219] Quelle: In Anlehnung an Pollmann/Rühm (2007), S. 66.
[220] Vgl. Pollmann/Rühm (2007), S. 66 f.

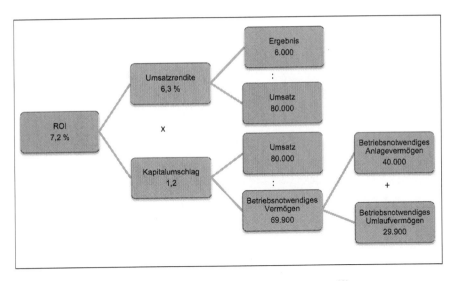

Abb. 17: Return on Investment Berechnungsweg[221]

In dieser Form der Darstellung wird diese Kennzahl im ersten Schritt mathematisch fassbar und die Einflussfaktoren zur Veränderung dieser Kennzahl werden erkennbar. Ein weiterer positiver Effekt ist, dass dem Berichtsempfänger vor Augen geführt wird, welche „Stellschrauben" gedreht werden müssen, um den geplanten ROI zu erreichen. Daraufhin kann sich der Empfänger Maßnahmen überlegen, damit sich diese „Stellschrauben" tatsächlich verändern, und dies nicht nur mathematisch.

Die dritte Möglichkeit Kennzahlen darzustellen, ist ein sogenanntes Dateneckblatt (Dashboard, Kennzahlencockpit) bei dem verschiedene Kennzahlen zusammengestellt werden. Dadurch liefert es dem Berichtsempfänger alle für seinen Bereich relevanten Kennzahlen auf einen Blick. Anhand eines Beispiels mit vier wichtigen Finanzkennzahlen, die einem Geschäftsführer Informationen über die Kapitalkraft, finanzielle Stabilität, die Rendite und die Verschuldung geben, soll das Ganze veranschaulicht werden.[222]

Abb. 18: Dateneckblatt erster Teil[223]

---

[221] Quelle: Pollmann/Rühm (2007), S. 67 (leicht modifiziert).
[222] Vgl. Pollmann/Rühm (2007), S. 66 ff.
[223] Quelle: Pollmann/Rühm (2007), S. 68 (leicht modifiziert).

$$\text{Cash Flow in \% des Umsatzes} = \frac{\text{Cash Flow}}{\text{Umsatz}} \qquad \boxed{5\ \%}$$

$$\text{Gesamtkapitalrentabilität} = \frac{(\text{Betriebsergebnis} + \text{Fremdkapitalzinsen})}{\text{Gesamtkapital}} \qquad \boxed{8\ \%}$$

$$\text{Schuldentilgungsdauer in Jahren} = \frac{(\text{Fremdkapitel} - \text{Liquide Mittel})}{\text{Cash Flow}} \qquad \boxed{2\ \text{Jahre}}$$

Abb. 19: Dateneckblatt zweiter Teil[224]

Eine weitere Option ist die Darstellung der Ergebnisse und nicht der Kennzahl in Diagrammen. Im Gegensatz zu Tabellen unterstützen sie die visuelle Wahrnehmung des Anwenders bzw. des Empfängers und so können Informationen schneller erfasst werden. Es gibt die Möglichkeit mehrere Personalkennzahlen längenproportional mit einem Säulendiagramm darzustellen oder nur eine Personalkennzahl zB Mitarbeiteranzahl je Standort. Mit gruppierten oder gestapelten Säulendiagrammen können mehrere Kennzahlen bzw. mehrere Dimensionen gleichzeitig berücksichtigt werden, zB Mitarbeiteranzahl je Standort und Jobfamilie. Desweiteren gibt es noch die Möglichkeit eine Kennzahl als Balken- oder Kreisdiagramm darzustellen.

Geht es um die Darstellung einer Verteilung bieten, dann sich die drei nachfolgenden Diagramme an.[225]

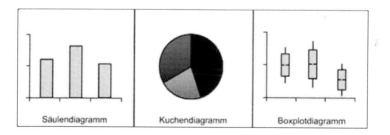

Abb. 20: Diagramm für die Darstellung von Verteilungen[226]

---

[224] Quelle: Pollmann/Rühm (2007), S. 68 (leicht modifiziert).
[225] Vgl. Strohmeier/Piazza (2015), S. 76.
[226] Quelle: Strohmeier/Piazza (2015), S. 77.

Müssen Kennzahlen über einen bestimmten Zeitverlauf dargestellt werden, können Streu-, Blasen- sowie Liniendiagramme verwendet werden.[227] Ein Beispiel aus dem Themenbereich Gesundheit zeigt die Verwendung von drei relevanten Kennzahlen in einem Liniendiagramm.

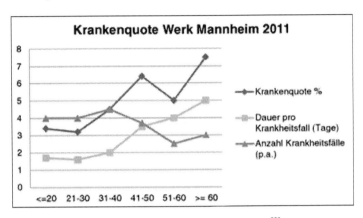

Abb. 21: Beispiel zur Krankenquote 2011[228]

Wird eine Darstellung der Zielerreichung von Kennzahlen beabsichtigt, gibt es drei wesentliche Arten wie diese abgebildet werden kann. Es besteht die Möglichkeit eines Ampel-, Tachometer- bzw. Stichdiagrammes.[229]

Um noch ein weiteres konkretes Beispiel der Darstellung zu zeigen geht es um ein Dashboard zum Thema Gesundheit. Nachfolgend kann man die einfache Darstellung einiger relevanter Kennzahlen sehen. Es ist wesentlich zu erwähnen, dass es bei der Aufbereitung von Kennzahlen um den Inhalt geht und nicht um eine aufwendige grafische Darstellung.[230]

	31.12.2010	30.6.2011	31.12.2011	
Ø Alter	43,8	43,9	44,2	
Krankenquote	2,5 %	3,6 %	1,8 %	✔
Ø Dauer Krankheitsfall	2,2 Tage	2,8 Tage	2,4 Tage	✔
Einsatz Ersthelferorganisation				
Versorgung durch Ersthelfer		2010	2011	
Abschließend		65 %	50 %	
Weitervermittelt		35 %	50 %	

Tab. 10: Dashboard zum Thema Gesundheit[231]

---

[227] Vgl. Strohmeier/Piazza (2015), S. 77.
[228] Quelle: Klein (2012), S. 64.
[229] Vgl. Strohmeier/Piazza (2015), S. 77.
[230] Vgl. Klein (2012), S. 63.
[231] Quelle: Klein (2012), S. 63.

6.3 Verstehen von Personalkennzahlen

Kennzahlen sind im betrieblichen Alltag allgegenwärtig und finden immer häufiger Verwendung. Sie dienen dem internen Berichtswesen und sollten das Handwerkszeug jedes Managers sein. Jedoch als alleiniges Instrumentarium zur Unternehmenssteuerung kommt den Kennzahlen eine zu übergeordnete Bedeutung zu, da sie auch etwaige Grenzen aufweisen. Es besteht ja auch die Gefahr, die ermittelten Ergebnisse der Kennzahlen fehlzuinterpretieren.[232]

Zu beachten ist, dass es immer zu unerlaubten Interpretationen kommt und in gravierenden Fällen muss der Personalcontroller korrigierend eingreifen. Es ist so, dass Tatsachen in Personalberichte den eigenen Intentionen entsprechend angepasst werden und dementsprechend bewusst bzw. unbewusst fehlinterpretiert werden. Grund dafür ist das jeder Entscheider in einem Unternehmen anders denkt als im Sinne des Gesamtunternehmens aufgrund von Abteilungs-Scheuklappen und Egoismus. Grundsätzlich kann gesagt werden, dass bei jeder Auswertung bzw. jedes Berichts die Gefahr besteht vom Empfänger fehlinterpretiert zu werden, bewusst oder unbewusst.

Ein sorgfältiger Umgang mit Daten und Informationen ist somit unumgänglich. Die Dateneigentümer sollten bei der Verwendung beratend und hilfreich das Unternehmen begleiten. Desweiteren dürfen dem Management keine Informationen vorenthalten werden. Das kann für das Unternehmen schädlich sein. Dadurch wäre das Unternehmen von Zufällen bestimmt, die in die Zukunft steuern, und dies wird nicht bewusst gesteuert.

Als Grundsatz gilt lieber einmal einen Fehler bei der Interpretation zu machen, als gar nichts zu tun.

Wesentlich ist es die Kennzahlen nicht isoliert zu betrachten, sondern in einen unternehmerischen Gesamtkontext zu integrieren. Reagiert werden sollte erst, wenn die Informationen verschiedener Sparten auf Probleme hinweisen oder Handlungsbedarf anzeigen. Anschließend sollten Entscheidungen getroffen werden und Maßnahmen sowie Aktionen sollten eingeleitet werden.[233]

---

[232] Vgl. Zwettler (2007), S. 10 ff.
[233] Vgl. Lisges/Schübbe (2014), S. 151.

6.4 Personalkennzahlen als Arbeitnehmervertreter nutzen

Das Arbeiten mit Kennzahlen und insbesondere Personalkennzahlen sollte für jeden Arbeitnehmervertreter von großer Bedeutung sein, denn sie bieten zum Beispiel Hilfestellungen in Form von Signalen für Veränderungen im Betrieb und eignen sich als Frühindikator für andere Probleme. Desweiteren liefern sie Kriterien für die Überprüfung der Effektivität und Angemessenheit von Maßnahmen des Unternehmens.

Es ist aber ratsam sich nicht allein nur auf Kennzahlen zu verlassen, denn nicht alle Veränderungen zeigen sich in Form von Kennzahlen und so sollte auch auf sonstige Informationsquellen zurück gegriffen werden. Sollten es zu merklichen Veränderungen bei Personalkennzahlen kommen, wäre ansonsten die Gefahr groß, dass es zu vorschnellen Interpretationen durch die Unternehmensleitung bzw. die zuständigen Führungskräfte kommt.

Ein kurzes Beispiel dazu: Die Eigenkündigungsquote im Vertriebsaußendient ist in den letzten Monat stetig gestiegen und der Umsatz sinkt dementsprechend mit. Die Geschäftsleitung interpretiert so, dass es aufgrund von verlockenden Angeboten von Wettbewerbern nicht nur die Außendienstler, sondern auch die Kunden mit abgeworben wurden. Daraufhin entschließt die Unternehmensleitung ein zeitlich befristetes Incentive-Programm für den Außendient einzuführen. Sprich es gibt jede Menge leistungsabhängige Prämien für die im Außendienst angestellten Mitarbeiter. Bei einer fundierteren Ursachenanalyse wäre hingegen herausgekommen, dass das Produktportfolio des Unternehmens immer weniger auf die Kundenbedürfnisse passte und dadurch die auf Provision arbeitenden Außendienstmitarbeiter keine Verdienstchancen gesehen haben. Dass Incentive-Programm könnte kurzfristig dazu führen, dass die Mitarbeiter zwar im Betrieb bleiben, da der Einkommensverlust geringer wird, aber die eigentliche bedrohliche Entwicklung des Unternehmens wurde hierbei nicht erkannt.

Dieses Beispiel eignet sich auch um die Frühwarnfunktion von Kennzahlen zu veranschaulichen. In diesem Unternehmen ist die Abwanderung von Außendienstmitarbeiter ein Frühindikator für kommende wirtschaftliche Probleme aufgrund einer falschen

Produktpolitik. Ein Grundsatz, der hier ersichtlich wird, ist,[234] dass die Ursachenforschung eine Bedingung ist für die erfolgreiche Arbeit mit Kennzahlen.

Die dritte Unterstützungsfunktion von Kennzahlen kann auch mit Hilfe dieses Beispiels erläutert werden. Der Betriebsrat kann mit Hilfe von Gesprächen mit den Außendienstmitarbeitern die angeblich Problem lösende Maßnahme des Arbeitgebers beurteilen und somit zu dem Entschluss kommen, dass ein Incentive-Programm nicht das Problem, welches besteht, lösen kann, sondern nur die Beschäftigten länger im Betrieb hält. Die Zeit die dadurch gewonnen wird, muss für eine Investition in Produktentwicklung und Marktforschung genutzt werden, um die Kundenwünsche und Produktpalette wieder in Übereinstimmung zu bringen.[235]

Bei der Überwachung von Kennzahlen kann ein Ampelsystem von Vorteil bzw. hilfreich sein. Wie bei jeder Ampel gibt es hier grüne Wertbereiche, indem der Wert der Kennzahl besser ist als der Grenzwert. Bei einem roten Wertbereich ist der Kennzahlenwert demnach schlechter als der Grenzwert und wenn die Ampel gelb bzw. orange anzeigt, liegt der Wert zwischen dem roten und grünen Wertbereich. Hierbei kann die Darstellung in Form eines Cockpits erfolgen und für jeden Kennzahlenbereich zB Qualifikation und Personalentwicklung gibt es ein Cockpit, das den Stand der Kennzahlen mit Hilfe der Ampelfarben verdeutlicht.[236]

Wertedefinition für ein Ampel-Überwachungssystem				
Kennzahl	Rot kritisch	Gelb beobachten	Grün OK	Tendenz
Produktivität je Mitarbeiter		← zwischen →		↑
Teilzeitquote		← zwischen →		←→
Angestelltenquote		← zwischen →		↘
Auszubildendenquote		← zwischen →		↓
Überstundenquote		← zwischen →		↑

Tab. 11: Ampel-Überwachungssystem bei Personalkennzahlen[237]

---

[234] Vgl. Havighorst (2006), S. 47 f.
[235] Vgl. Havighorst (2006), S. 47 f.
[236] Vgl. Hafner/Polanski (2009), S. 18.
[237] Quelle: Hafner/Polanski (2009), S. 19 (leicht modifiziert).

In den nachfolgenden Kapiteln wird gezeigt wie Kennzahlen bei bestimmten betrieblichen Veränderungen helfen können.

6.4.1 Expansion

Ein Unternehmen das wächst bzw. zu expandieren plant, steht unter anderem auch vor personellen Herausforderungen. Zu überlegen ist in diesem Zusammenhang, wie viel Personal brauchen wir und welche Qualifikationen sollen die neuen Mitarbeiter mitbringen. Demnach muss sowohl der quantitative als auch der qualitative Personalbedarf genau und zeitnah ermittelt werden.[238] Darüber hinaus steht auch die Personalbeschaffungsplanung im Vordergrund. Hierfür gibt es verschiedene Alternativen wie das von statten geht. Eine Möglichkeit ist ein verstärkter Einsatz von Mehrarbeit, Einsatz von Leiharbeitnehmern, Auflage eines Qualifizierungsprogramms und befristete sowie unbefristete Neueinstellungen.

Im Zusammenhang mit Personalkennzahlen könnte ein strategisches Ziel der Arbeitnehmervertretung, die möglichst weitgehende Realisierung potentieller Chancen für die Beschäftigten sein. Beziehen könnte sich das sowohl auf Einkommens- und Qualifikationsinteressen sowie auf die Steigerung der Zufriedenheit der Beschäftigten. Auf der anderen Seite sollten Risiken durch zB zusätzliche Belastungen minimiert werden. In dieser Situation können Personalkennzahlen helfen, um den Erfolg der strategischen Ziele zu messen und aktuelle Handlungsfelder zu identifizieren. Hierbei kann es sinnvoll sein auch Kennzahlen einzusetzen, die bis jetzt nicht regelmäßig erhoben werden.

Nachfolgend werden einige Kennzahlen aufgezählt und warum es Sinn macht diese bei einer Expansion zu verwenden. Die Ermittlung der Produktivität je Mitarbeiter kann anzeigen ob aufgrund der Veränderung von zB Prozessen bei einer Expansion, die durchschnittliche Produktivität sinkt. Sollte das Sinken länger dauern, so kann das als Frühindikator für wirtschaftliche Probleme herangezogen werden sowie als Indikator für Kostensenkungsmaßnahmen, die im Anschluss an die Expansion eingeleitet werden müssen.

---

[238] Vgl. Hafner/Polanski (2009), S. 27.

Eine weitere Kennzahl, die für eine Unternehmenserweiterung relevant sein kann, ist die Mehrarbeitsquote. Die Unternehmensleitung wird bei einer Expansion wahrscheinlich zuerst versuchen den zusätzlichen Kapazitätsbedarf mit einer Ausweitung der Mehrarbeit zu kompensieren. Hierbei ist zu beachten, dass es[239] dadurch zu einer Einkommenserhöhung der Mitarbeiter kommt, jedoch auch zu einer enormen Mehrbelastung. Es ist vollkommen okay, wenn die Mehrarbeitsquote im Anfangsstadium steigt, jedoch sollte dann versucht werden diese wieder mit etwaigen Neueinstellungen abzubauen.

Die Entwicklung der Arbeitszeitkonten könnte als Frühindikator für notwendige Neueinstellungen dienen. Eine positive Wachstumsrate, die nicht nur vorübergehend da ist, sollte als Argument genommen werden für die Einstellungen von neuen Beschäftigten.

Es sollte auf jeden Fall eine Kennzahl bzw. Informationen zur Mitarbeiterzufriedenheit eingeholt werden. Eine Möglichkeit hierfür wäre die Ermittlung eines Mitarbeiterzufriedenheitsindex, der zum größten Teil auf Gespräche mit den Mitarbeitern beruhen sollte. Aufgrund dieser weitreichenden Veränderung könnte es sowohl positive als auch negative Auswirkungen auf die betroffenen Mitarbeiter haben. Ein möglicher Effekt, der aus der Expansion resultieren könnte, ist eine verminderte Motivation der Mitarbeiter und dies wiederum könnte den Erfolg der Unternehmensausweitung gefährden. Anzuraten ist hier eine häufigere Erhebung dieses Wertes, da sich die Ergebnisse durch die Wandlung schneller verändern könnten. Angestrebt werden sollte demnach einen zumindest stabilen Wert dieser Kennzahl.[240]

Bei so einem Vorhaben ist es unumgänglich sich Fragen bezüglich der Aufstiegschancen der bestehenden Beschäftigten zu stellen, um neue Stellen mit bereits unternehmenskundigen Mitarbeitern zu besetzen.[241] Hierzu gäbe es die Möglichkeit die Kennzahl Anzahl der Qualifizierungstage je Mitarbeiter einzuführen. Die Berechnung erfolgt hier, indem die Qualifizierungstage durch die Mitarbeiteranzahl dividiert werden und im besten Fall sollte die durchschnittliche Qualifizierungsleistung dadurch steigen. Sollte dieser jedoch konstant bleiben oder sogar sinken, ist eine Überprüfung der vorausschauenden Personalentwicklung erforderlich.

---

[239] Vgl. Havighorst (2006), S. 49 ff.
[240] Vgl. Havighorst (2006), S. 49 ff.
[241] Vgl. Lisges/Schübbe (2014), S. 225.

Aufgrund der zusätzlichen Belastungen aufgrund von Mehrarbeit sollte man hierzu auch die Gesundheitsquote im Auge behalten. Ziel sollte es hierbei sein, den Wert[242] so konstant wie möglich zu halten. Sollte der Wert stark sinken, sollte eine Ursachenanalyse mit Hilfe der Beschäftigten durchgeführt werden.

6.4.2 Beurteilung der wirtschaftlichen Situation

Wie schon erwähnt haben Personalkennzahlen auch eine Frühwarnfunktion und dies sollte auch bei der wirtschaftlichen Entwicklung genützt werden. In vielen Unternehmen werden schon Personalkennzahlen als Frühindikator eingesetzt, weil sich diese oft schneller diesbezüglich ändern als Standardfinanzkennzahlen. Zu beachten ist jedoch, dass eine auffällige Veränderung der Personalkennzahlen auch andere Gründe als die wirtschaftliche Entwicklung anzeigen und demnach solle zuerst eine ausreichende Ursachenanalyse durchgeführt werden.

Bei der Beurteilung sollte nicht eine einzelne Kennzahl herangezogen werden, sondern es sollte eine Gesamtschau mehrerer relevanter Kennzahlen erfolgen, um zu einem fundierten Urteil zu kommen. Um die zukünftige wirtschaftliche Entwicklung eines Unternehmens abschätzen zu können, ist anzuraten Personalkennzahlen dafür einzusetzen. Nachfolgend werden einige Kennzahlen aufgezählt mit der Begründung warum diese für den Ausblick auf die wirtschaftliche Entwicklung geeignet sind. Zu beachten ist aber, dass dies nur eine kleine Auswahl an Kennzahlen ist und keine abschließende Aufzählung.

Zu diesem Thema würde sich die Ermittlung der Produktivität je Mitarbeiter anbieten, da sie eine wichtige Kennzahl für die Beurteilung der Wettbewerbsfähigkeit der Absatzpreise eines Unternehmens darstellt. Sollte es zu einem Sinken des Kennzahlenwertes über eine längere Zeit kommen, so könnte darauf geschlossen werden, dass es zu Problemen kommen könnte sowie Kostensenkungsmaßnahmen eingeleitet werden müssen.[243]

---

[242] Vgl. Havighorst (2006), S. 49 ff.
[243] Vgl. Havighorst (2006), S. 49 ff.

Desweiteren würde sich die Ermittlung des Anteils des Personalaufwands an der Wertschöpfung anbieten. Der Personalaufwand an sich ist kurzfristig unelastisch, das bedeutet, dass er nur sehr wenig auf Absatzschwankungen reagiert. Im Gegensatz zu dieser Kennzahl, die sich hervorragend als Frühwarnindikator für die wirtschaftliche Entwicklung eignet. Entwickelt sich der Absatz rückläufig, steigt der Kennzahlenwert unmittelbar an und umgekehrt genauso.

Eine weitere Möglichkeit, um die wirtschaftliche Entwicklung vorhersagen zu können, ist die Bündelung dreier Kennzahlen: die Fluktuationsquote, die Eigenkündigungsquote sowie die Know-How-Träger-Quote. Grundsätzlich ist davon auszugehen, dass sich diese drei Kennzahlen gegenläufig zur wirtschaftlichen Entwicklung verhalten. In Folge einer negativen Entwicklung wird voraussichtlich aufgrund der verminderten Arbeitsplatzsicherheit sowie der eingeschränkten Aufstiegsmöglichkeiten den Mitarbeitern ein Anreiz geboten das Unternehmen zu verlassen. Demnach kann davon ausgegangen werden, dass alle drei angesprochenen Kennzahlen sinken werden, genauso wie die Zahl der Beschäftigten und darum eignen sich diese Kennzahlen als Frühindikator für die wirtschaftliche Entwicklung.

Bei einem Produktionsbetrieb kann auch die Kennzahl Ausschuss je Mitarbeiter ein Indiz für die Entwicklung der Wirtschaft darstellen. Aufgrund sinkender Motivation sowie vermehrten „inneren" Kündigen wächst die Verunsicherung des Personals und dadurch lässt auch die Arbeitsqualität nach und der Ausschuss je Mitarbeiter steigt.

Als letztes sollte noch die Anzahl der Qualifizierungstage je Mitarbeiter bzw. der Anteil der Personalentwicklung am Personalaufwand erwähnt werden. Bei einer schlechten wirtschaftlichen Entwicklung wird sich die Unternehmensleitung überlegen wo eingespart werden kann. Leider ist es in der Praxis oft so, dass der erste Gedanke in Richtung Personalentwicklung geht. Ein Grund dafür ist, dass man beim Personalaufwand auch kurzfristig einsparen kann, aber auch dass die Folgen erst mittel- bis langfristig auftreten. Sinken demnach diese Kennzahlen, ist damit zu rechnen, dass die Geschäftsleitung Kürzungen aufgrund der wirtschaftlichen Entwicklung durchführen.[244]

---

[244] Vgl. Havighorst (2006), S. 54 f.

6.4.3 Personalkennzahlen im Rahmen der Einführung der BSC

Ein in diesem Buch schon erwähntes Kennzahlensystem ist die 1992 entwickelte Balanced Scorecard. Für die Begründer Kaplan und Norton ist die BSC:*"...like the dials in an airplane cockpit: it gives managers complex information at a glance."*[245]

Ursprünglich sollte es dazu dienen eine Strategie umzusetzen und stellte somit ein Kommunikations-, Informations- und Lernsystem dar. Obwohl die eigentlichen Begründer in ihrer Literatur betonen, dass die Verwendung der BSC das Kontrollsystem vermeiden, wird es in der Praxis oft als solches verwendet und ihm werden Früherkennungseigenschaften beigemessen.[246,247]

Die Überlegung bei der Entstehung der Balanced Scorecard war, dass eine Reduzierung auf finanzielle Kennzahlen nicht ausreicht, um den Wert einer Unternehmung ausreichend abzubilden und auf dieser Grundlage zu steuern. Demnach wurden auch nicht-monetäre Kennzahlen zur Kundenzufriedenheit, zur Entwicklungsperspektive sowie zu interne Prozesse in dieses System aufgenommen. Das Ziel der BSC ist es, neben den finanziellen Kennzahlen noch nicht-finanzielle Kennzahlen bereitzustellen, mit denen die strategischen Unternehmensziele in operative Messgrößen mit bestimmten Maßnahmen umgesetzt werden.

Idealtypisch gibt es demnach 4 Perspektiven mit dem sich die BSC beschäftigt. Bei der Finanzperspektive geht es um finanzwirtschaftliche Kennzahlen wie zB die Rendite. Die Kundenperspektive soll Kennzahlen und Ziele enthalten über die Festlegung der zu bearbeitenden Markt- und Kundensegmente. Elemente die diese Perspektive enthalten kann, wäre zB die Kundenzufriedenheit oder Marktanteile. Der dritte Aspekt betrifft die interne Prozessperspektive. Sie dient vor allem der Analyse und Abbildung der internen Prozesse, die wesentlich sind für die Erreichung der finanzwirtschaftlichen sowie kundenorientierten Ziele. Der Zielerreichungsgrad kann beispielsweise am Ausschuss je Mitarbeiter gemessen werden. In der Lern- und Entwicklungsperspektive werden einerseits diejenigen Faktoren identifiziert, die als Grundlage für ein langfristiges Wachstums dienen, andererseits hilft sie bei der zukünftigen Verbesserung der anderen drei Ebenen. Dazu zählen vor allem[248] Kennzahlen aus

---

[245] Vgl. Kaplan/Norton (1992), S. 71.
[246] Vgl. Kaplan/Norton (1997), S. 24.
[247] Vgl. Wickel-Kirsch et al (2001), S. 276.
[248] Vgl. Kaplan/Norton (2007), S. 24 ff.

dem Personalwesen wie zB Loyalität, Zufriedenheit sowie Weiterbildung.[249] Ein großer Vorteil bei der Anwendung einer BSC ist sicherlich, dass sie situativ angepasst werden kann demnach sie kein starres Instrument ist.[250]

In jüngster Zeit versuchen einige Autoren, diesen Ansatz von Kaplan/Norton für den Personalbereich zu übersetzen. Die große Schwierigkeit hierbei ist die Modifikation bzw. die Übertragung der vier Perspektiven für das Personalwesen.

Die finanzielle Perspektive lässt sich hier auf die wirtschaftliche Leistungsfähigkeit des Personalmanagements und den gesamten Unternehmensbeitrag anwenden. Hierbei steht das Kosten-Nutzen-Verhältnis der einzelnen Instrumente des Personalmanagements, der Personalabteilung bzw. das Personalmanagement als gesamtes im Mittelpunkt.

Die Kundenperspektive wird mit den Mitarbeitern, Betriebsräten, Führungskräften sowie der Unternehmensleitung repräsentiert. Es umfasst somit die Beurteilung der Produkte und Dienstleistungen, die die Personalabteilung den Führunsgkräften sowie den Mitarbeitern zur Verfügung stellt. Der Zielerreichungsgrad kann hier mit nichtmonetären Kennzahlen zB über die Zufriedenheit der zuvor erwähnten Gruppen realisiert werden.

Die interne Prozessperspektive untersucht die von der Personalabteilung ausgelösten und durchgeführten Prozesse. Diese enthalten klassische Personalfunktionen wie zB die Einstellungen, Versetzungen oder Entlassungen. Kennzahlen die sich hierfür eignen wären beispielsweise die Personalbeschaffungskosten.

Bei der Lern- und Entwicklungsperspektive geht es sowohl um das Wissen und das Potential der im Personalmanagement tätigen Mitarbeiter als auch der gesamten Mitarbeiter des Unternehmens. Erfasst werden könne dies zB durch die jährliche Weiterbildungszeit der Mitarbeiter. Exemplarisch wird in der nachfolgenden Abbildung ein Beispiel für eine BSC für den Personalbereich gezeigt.[251]

---

[249] Vgl. Kaplan/Norton (2007), S. 24 ff.
[250] Vgl. Stöger (2007), S. 27 f.
[251] Vgl. Wickel-Kirsch et al (2001), S. 279 ff.

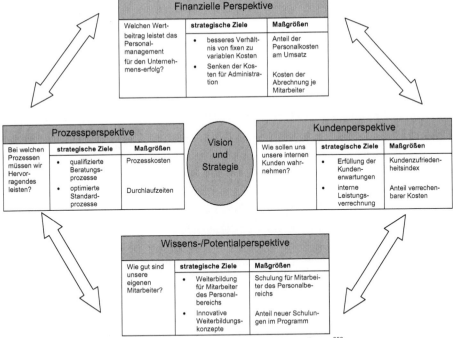

Abb. 22: Balanced Scorecard nach Wickel-Kirsch[252]

Grundsätzlich kann gesagt werden, dass beim Einsatz von Personalkennzahlen der gleiche Effekt entsteht wie auch in anderen Fällen. Je besser sich Sachverhalte messen lassen, umso eher gehen qualitative Informationen verloren. Für die Einführung einer Balanced Scorecard im Personalbereich eignen sich alle Personalkennzahlen mit samt ihren Vor- und Nachteilen, die zur Zielerreichung nützlich sind. Aufgrund dessen lässt sich auch nicht sagen welche Kennzahlen sich am besten eignen für die Umsetzung einer BSC. Dies muss von jedem Unternehmen entschieden werden aufgrund deren Zielsetzung.[253]

---

[252] In Anlehnung an Wickel-Kirsch (2001), S. 281.
[253] Vgl. Havighorst (2006), S. 53.

6.4.4 Benchmarking mit Personalkennzahlen

Wie der allgemeine Vorgang beim Benchmarking ausschaut, wurde bereits im Kapitel 3.4 besprochen. In diesem Unterkapitel wird auf die Anwendung im Personalbereich näher eingegangen.

Beim Benchmarking geht es darum die eigenen Prozesse bzw. Aktivitäten mit dem anderer Unternehmen zu vergleichen und daraus konkrete Wege zur Erreichung einer Bestleistung abzuleiten. Aufgrund dessen werden dann beim externen Benchmarking im eigenen Unternehmen operative Ziele gesetzt, die sich aus der „best practice" anderer Betriebe ergeben. Zu beachten ist jedoch, dass der Aussagewert von Benchmarking nicht überschätzt werden darf, denn jedes Unternehmen muss schlussendlich seinen Personalbereich mit seiner eigenen Personalstrategie und –ziele spezifisch gestalten. Die Vergleiche geben aber oft Anhaltspunkte wo angesetzt werden kann.[254]

Es besteht auch die Möglichkeit nur ein internes Benchmarking zu machen, das bedeutet es wird mit unternehmenseigenen Abteilungen bzw. Gruppen verglichen. Hierbei ergeben sich einige Vorteile wie zB, dass die Datenbeschaffung sehr einfach ist, da es sich ja um ein Unternehmen handelt und die Daten lassen sich aufgrund dessen gut vergleichen. Die Nachteile, die daraus folgen, sind aber gravierend. Aus einem internen Benchmarking im Personalbereich ergibt sich das Problem des begrenzten Blickfeldes bzw. begrenztes Produktivitätssteigerunspotenial. Ein anderer Nachteil ist auch, dass dies vergangenheitsorientiert ist und es dadurch zu keinen Innovationen kommt.[255]

Zum Benchmarking eignen sich sehr viele Kennzahlen zB die Erfolgsrate der Mitarbeiter. Diese kann sich nach der Anzahl rechtzeitiger Personalbeschaffungen sowie am Grad der Personaldeckung richten.[256] Desweiteren kann auch die Kennzahl Krankenstandsquote aufschlussreich sein, nicht nur beim externen Benchmarking, sondern auch im eigenen Unternehmen bei Vergleich zwischen verschiedenen Abteilungen.[257] Hierbei ist allerdings zu beachten, dass die Kennzahl bei den vergleichen-

---

[254] Vgl. Wildemann (1996), S. 163.
[255] Vgl. Kirchner/Hallmann (2001), S. 367 ff.
[256] Vgl. Wildemann (1996), S. 164.
[257] Vgl. Zdrowomyslaw/Kasch (2002), S. 85.

den Objekten auch gleich definiert wird, da diese ansonsten gar nicht verglichen werden können.

Zahlenunterschiede sollten immer kritisch hinterfragt werden. Es gibt jede Menge unterschiedlicher Gründe dafür, zum Beispiel auch unterschiedliche Qualität der Leistungen oder andere Prozessabläufe. Das wiederum könnte Anhaltspunkte geben, um Verbesserungen im Unternehmen durchführen zu können.[258]

Als Fazit kann gesagt werden, dass mit Hilfe eines richtig angewendeten Benchmarkings reale Probleme gelöst werden. Das Wettbewerbsverhalten soll damit besser verstanden werden und in diesem Zusammenhang sollen auch neue Strategieverfahren entwickelt werden. Das Ziel ist es aus den Erfahrungen der Konkurrenz bzw. auch anderen Benchmark-Partner zu profitieren und somit eine Orientierung für das eigenen Verhalten bzw. Vorgehen zu finden.[259] Aufgrund des Vergleiches mit leistungsfähigeren Unternehmen wird eine kreative Unzufriedenheit geschaffen, die sich positiv auf das eigene Unternehmen auswirken kann. Ratsam ist auch die Beteiligung der Mitarbeiter bei der Ursachenforschung von Leistungslücken. Dadurch wird auch die Bereitschaft zu einer Veränderung erreicht werden.[260]

---

[258] Vgl. Meifert (2010), S. 406.
[259] Vgl. Kirchner/Hallmann (2001), S. 367 ff.
[260] Vgl. Meifert (2010), S. 408.

7 Resümee

In dem vorliegenden Buch ging es um das zentrale Thema Personalkennzahlen. Begonnen wurde mit einer Einführung in das Kostenmanagement. Hierbei kann festgehalten werden, dass aufgrund der Globalisierung ein ganzheitliches Kostenmanagement immer wichtiger wird.[261] Kostenmanagement hat unter anderem das Ziel die Wirtschaftlichkeit des Unternehmens zu erhöhen durch eine bewusste Beeinflussung der Kosten.[262]

Zu beachten ist hierbei jedoch, dass die Gefahr besteht Kostenmanagement falsch zu verstehen, indem Kostensenkungsprogramme als Antwort auf schlechte Ergebnis- und Auftragslage eingesetzt werden. Aufgrund der meist kurzfristigen sowie top-down angelegten Maßnahmen, treffen diese auf nur wenig Akzeptanz bei den Mitarbeitern. Es kann dadurch zwar gelingen die Kosten vorübergehend zu senken, aber langfristig wird dadurch die Wettbewerbsfähigkeit gefährdet.[263]

Die wichtigsten Instrumente, die innerhalb des Kostenmanagements Verwendung finden, ist das Target Costing[264], die Lebenszykluskostenrechnung[265], die Wertanalyse[266], das Benchmarking[267] sowie die Prozesskostenrechnung.[268]

Zusammenfassend lässt sich sagen, dass ein proaktives Kostenmanagement anzuraten ist. Hierbei wird schon frühzeitig Einfluss auf Entscheidungen über die Gestaltungsobjekte genommen aufgrund von sorgfältigen Umwelt- und Wettbewerbsanalysen. Ansatzpunkte dafür liefern vor allem die Produkte, Prozesse und Ressourcen.[269] Die Beachtung der Zusammenhänge zwischen Kostenniveau, -verlauf und -struktur ist bei einem ganzheitlichen Kostenmanagement unerlässlich.[270]

Im dritten Kapitel ging es um das Personalcontrolling im Allgemeinen sowie der Unterscheidung zwischen operativen und strategischen Personalcontrolling. Desweite-

---

[261] Vgl. Heiß (2004), S. 9.
[262] Vgl. Kajüter (2000), S. 11.
[263] Vgl. Heiß (2004), S. 9.
[264] Vgl. Horváth (2009), S. 479.
[265] Vgl. Riezler (1996), S.8.
[266] Vgl. Franz/Kajüter (2002), S. 9.
[267] Vgl. Jung (2007), S. 532 f.
[268] Vgl. Reckenfelderbäumer (1998), S. 23.
[269] Vgl. Franz/Kajüter (2002), S. 4 ff.
[270] Vgl. Heiß (2004), S. 9.

ren wurde auch näher auf die Ziele, die Aufgaben und auch das Instrumentarium eingegangen.

In den letzten Jahren etablierte sich eine neue betriebswirtschaftliche Funktion nämlich das Personalcontrolling.[271] Kurzgesagt umfasst es alle Maßnahmen zur Messung und Steuerung eines optimalen Verhältnisses von Personalaufwand und Personalleistung. Berücksichtigt wird in diesem Zusammenhang die gesamte wirtschaftliche Entwicklung des Unternehmens.[272]

Beim Personalcontrolling kann zwischen operativ und strategisch unterschieden werden. Das operative PCO kennzeichnet sich durch seinen Gegenwartsbezug sowie an der Orientierung am Tagesgeschäft.[273] Das strategische Personalcontrolling hingegen soll zur langfristigen Zukunftssicherung des Unternehmens beitragen, indem die Humanressourcen optimal eingesetzt und gesteuert werden.[274]

Es gibt zahlreiche Instrumente die beim Ausüben dieser betriebswirtschaftlichen Funktion hilfreich sein können. Unter anderem kommen das Benchmarking[275], die Balanced Scorecard[276] sowie die Swot-Analyse[277] zur Anwendung.

Das nächste Kapitel zeigte eine Einführung zum Arbeiten mit Personalkennzahlen im Personalcontrolling. Heutzutage ist die Versorgung mit Informationen immer wichtiger, um als Unternehmen wettbewerbsfähig zu bleiben. Als Grundlage dafür müssen die benötigten Informationen bedarfsgerecht beschafft, aufbereitet und verteilt werden. In diesem Zusammenhang ist das Berechnen von Kennzahlen essentiell, denn sie verdichten Einzelinformationen zu einer Messgröße und dadurch können auch komplexe Sachverhalte in einer Zahl ausgedrückt werden.[278]

Desweiteren geben Personalkennzahlen auch Hinweise auf mögliche Probleme, Gefahren, Chancen, Erfolg von Maßnahmen sowie die Notwendigkeit von Innovationen.[279]

---

[271] Vgl. DGFP (2009), S. 15.
[272] Vgl. DGFP (2007), S. 5.
[273] Vgl. Gerpott/Siemers (1995), S. 12.
[274] Vgl. Papmehl (1990), S. 129.
[275] Vgl. Jung (2007), S. 532 f.
[276] Vgl. Conrad (2001), S. 14.
[277] Vgl. Simon/von der Gathen (2010), S. 230.
[278] Vgl. Havighorst (2006), S. 5.
[279] Vgl. Hafner/Polanski (2009), S. 16.

In der Praxis werden oft gängige Personalkennzahlensysteme verwendet. Hierbei ist zu sagen, dass sich der Einsatz dieser Kennzahlen auf jeden Fall lohnt, da sich eine übersichtliche Entscheidungsgrundlage für die Personal- und Unternehmensleitung bilden. Desweiteren werden Zielsetzungen des Unternehmens ständig überprüft aufgrund von Soll-Ist-Vergleichen. Die sich daraus ergebenden Abweichungen können dabei helfen realistische Ziele zu formulieren und mit geeigneten Maßnahmen gegenzusteuern.[280] Zu beachten ist hierbei, dass Kennzahlensysteme nicht starr sind, sondern sich den entsprechenden geschäftspolitischen Zielsetzungen im Zeitablauf anpassen. Dadurch ist die Pflege sowie die Erstellung sehr arbeitsaufwändig, aber wenn man sich die Vorteile vor Augen hält, lohnt sich der Einsatz auf jeden Fall.[281]

Im ersten Hauptteil dieses Fachbuches wurde kurz auf die Personalkostenplanung eingegangen um daraufhin einzelne ausgewählte Kennzahlen näher zu erläutern. Die Personalkosten beeinflussen den Gewinn in einem Unternehmen in hohem Maße. Demnach kann gesagt werden, dass je höher der Anteil der Personalkosten an den Gesamtkosten ist, desto größer sollte auch die Bedeutung der Personalkostensteuerung- und -planung haben. Vor allem bei Dienstleistungsunternehmen sollte der Umgang mit Personalkennzahlen zum täglichen Geschäft gehören, da hier die Personalkosten bis zu 80 – 90 % der Gesamtkosten betragen.[282]

Leider ist die Ist-Situation im Bereich des Personalwesens so, dass im Personalwesen in den Unternehmen oft nur quantitative Größen berechnet werden, anstatt des Einsatzes von Kennzahlen als Planungs- und Steuerungsinstrument.[283]

Ein großes Problem bei den Personalkosten besteht vor allem darin, dass der[284] größte Teil aufgrund vertraglicher, tariflicher oder gesetzlicher Bestimmungen kurzfristig sowie langfristig schwer beeinflussbar ist.[285]

In diesem Zusammenhang kann der Einsatz einer Personalkostenrechnung nützlich sein. Die Aufgabe hierbei ist die Planung, Steuerung und Kontrolle der Personalkostenentwicklung. Ziele, die damit verfolgt werden, sind vor allem die Begrenzung des

---

[280] Vgl. Berthel (2004), S. 1448.
[281] Vgl. DGFP (2009), S. 36.
[282] Vgl. Mag (1998), S. 189.
[283] Vgl. Schulte (2012), S. 2.
[284] Vgl. Lisges/Schübbe (2009), S. 279 ff.
[285] Vgl. Lisges/Schübbe (2009), S. 279 ff.

Personalaufwandes sowie die Sicherstellung des geplanten Verhältnisses zwischen Personalaufwand und Personalnutzen.[286]

Im zweiten Hauptkapitel sollten vor allem die Anwendungsgebiete sowie der Einsatz in der Praxis von Personalkennzahlen vermittelt werden.

In der heutigen Zeit, stehen orts- und zeitunabhängige Informationen in unbegrenzter Zahl und Menge zur Verfügung. Aufgrund elektronischer Medien wird eine aufwandslose Vervielfältigung ermöglicht und dadurch werden Transportzeiten praktisch abgeschafft. Dazu kommt, dass die Organisationsstrukturen stetig komplexer werden und die Informationsmenge und deren Vernetzungen potenziert werden. Dadurch werden höhere Anforderungen an die Gestaltung von Entscheidungsprozessen gestellt. Untersuchungen haben ergeben, dass Mitarbeiter bis zur Hälfte ihrer Arbeitszeit mit unproduktiven Tätigkeiten im Bereich des Datenmanagements verbringen. Ein großer Teil betrifft das erfolglose Suchen von Informationen sowie die Wiederherstellung von verlorerenen Inhalten. Neben der immer größer werdenden Datenmenge wird der zeitliche Rahmen zur Entscheidungsfindung immer enger und dadurch steigt auch der zeitliche Druck immer weiter. Aufgrund des Handlungs- und Kostendrucks der Unternehmen wird ersichtlich, dass diejenigen die sich sicher im Datendschungel bewegen viele Vorteile haben im Gegensatz zu ihrer Konkurrenz.

Auch im Personalwesen führt der Hunger nach Informationen dazu, dass immer häufiger Personalkennzahlen zur Anwendung kommen. Unternehmen versuchen die zunehmende Komplexität zu reduzieren. Kennzahlen stellen in diesem Zusammenhang ein sehr geeignetes Instrument dar, um dies zu bewerkstelligen. Das große Problem hierbei ist, dass Kennzahlen oft wahllos ausgewählt werden[287] bzw. der Aussagegehalt nicht überprüft wird. Die Ermittlung einer Personalkennzahl sollte aber am Ende einer Kette von Überlegungen stehen, die nicht in der Personalabteilung beginnt. Zuerst sollte die Strategie des Unternehmens genau erörtert werden und daraufhin sollte gefragt werden wie man mit Hilfe der Personaldaten sichtbar macht, ob das Unternehmen auf dem richtigen Weg ist.[288]

---

[286] Vgl. Schulte (2012), S. 92.
[287] Vgl. Schübbe (2011), S. 7 ff.
[288] Vgl. Schübbe (2011), S. 7 ff.

Personalkennzahlen können sowohl strategisch als auch operativ für die Personalarbeit genutzt werden. Für die Personalarbeit sind beispielsweise Kennzahlen wie die Dauer des Rekrutierungsprozesses oder die Quote der erfolgreichen Einstellungen vorrangig für die Personalarbeit wichtig. Aufgrund dieser Zahlen lassen sich jedoch auch Rückschlüsse auf die Unternehmensattraktivität als Arbeitgeber schließen und so bekommen die Kennzahlen auch eine strategische Komponente hinsichtlich der Geschäftsführung. Personalberichte können als einfache Zahlenübersichten gestaltet werden oder auch Grafiken, Interpretationen sowie Empfehlungen enthalten. Wichtig ist, dass für den jeweiligen Zweck festgelegt wird in welchem zeitlichen Abstand welche Auswertung erstellt werden soll und wer der Berichtsempfänger ist.[289]

Das vorliegende Buch soll zeigen, dass die Ermittlung von Personalkennzahlen alleine zwar nicht ausreicht die Zielerreichung des Personalcontrollings sicherzustellen, sie jedoch Mosaiksteine darstellen aus denen in Verbindung mit anderen Elementen ein Gesamtbild entsteht. Deshalb ist es wichtig den Bestand an sofort oder nach Vereinbarung verfügbaren Personalkennzahlen im Unternehmen zu kennen, um diese dann im Gesamtkontext der zu bearbeitenden Aufgabenstellung zu verarbeiten. Grundlegend lässt sich somit sagen, dass man mit einem Schrank voller Gewürze kein Essen auf den Tisch bringt. Eine gute Voraussetzung ist es aber auf eine Vielzahl an Gewürzen zurückgreifen zu können. In diesem Sinne stellen Personalkennzahlen Gewürze dar, die als ein Bestandteil von vielen im Personalcontrollingbereich zu verstehen sind.[290]

---

[289] Vgl. Hoffmann (2013), S. 10.
[290] Vgl. Schübbe (2011), S. 14.

8 Quellenverzeichnis

Armutat, S. (2010): Gegenstand und Dimensionen des Personalcontrollings, in: DGFP (Hrsg) (2010) Personalcontrolling für die Praxis: Konzept, Kennzahlen-Unternehmensbeispiele, 2. Auflage 2010, Bielefeld.

Berthel, J. (2004): Personalcontrolling, in: Gaugler, E./Oechsler, W. A./Weber, W.(2004): Handwörterbuch des Personalwesens, 3. Auflage, Stuttgart.

Berthel, J/Becker, F. G. (2007): Personal-Management – Grundzüge für Konzeptionen betrieblicher Personalarbeit, 8. Auflage, Stuttgart.

Biethahn, J./Mucksch, H/Ruf, W. (2004): Ganzheitliches Informationsmanagement Band 1: Grundlagen, 6. Auflage, 2004, Oldenbourg.

Börner, D. (1972): Kennzahlen als Hilfsmittel der Unternehmensführung, in: Von Lilienstern, H.R. (Hrsg.) (1972): Die informierte Unternehmung, 1. Auflage, Berlin.

Brecht U. (2005): Kostenmanagement, 1. Auflage, Wiesbaden.

Bruch, H./Kunze, F./Böhm, S. (2010): Generationen erfolgreich führen: Konzepte und Praxiserfahrungen zum Management des demographischen Wandels, 1. Auflage, Wiesbaden.

Brünger, C./Faupel, C. (2010): Pragmatische Ansätze für eine erfolgreiche Anwendung in: Controlling & Management (ZfCM) (54), S. 171.

Buggert, W./Wielpütz, A. (1995): Target costing: Grundlagen und Umsetzung des Zielkostenmanagements, 1. Auflage, München – Wien.

Bühner, R. (1997): Mitarbeiter mit Kennzahlen führen: der Quantensprung zu mehr Leistung, 2. Auflage, Landsberg/Lech.

Burger, A. (1994): Kostenmanagement, München.

Burger, A./Schellberg, B. (1995): Kostenmanagement mittels Wertanalyse. in: Kostenrechnungspraxis (3), S. 146.

Conrad, H.J. (2001): Balanced Scorecard als modernes Management-Instrument im Krankenhaus, Kulmbach

Corsten, H. (1997): Geschäftsprozessmanagement: Grundlagen, Elemente und Konzepte. in: Corsten, H. (1997): Management von Geschäftsprozessen: theoretische Ansätze, praktische Beispiele, Stuttgart.

Deller, J./Kern, S./Hausmann, E./Diederichs, Y. (2008): Personalmanagement im demografischen Wandel. Ein Handbuch für den Veränderungsprozess mit Toolbox Demografiemanagement und Altersstrukturanalyse, 1. Auflage, Heidelberg.

DGFP Deutsche Gesellschaft für Personalführung e.V. (2007): Personalcontrolling: Status quo und Perspektiven. Ergebnisse einer Tendenzbefragung in: PraxisPapiere (5), S. 5, Bearbeitung durch Christiane Geighardt, Düsseldorf.

DGFP Deutsche Gesellschaft für Personalführung e.V. (2009): Personalcontrolling für die Praxis: Konzept-Kennzahlen-Unternehmensbeispiele, 1. Auflage, Düsseldorf.

Dilcher, B./Hammerschlag, L. (2013): Klinikalltag und Arbeitszufriedenheit: Die Verbindung von Prozessoptimierung und strategischem Personalmanagement im Krankenhaus, 2. Auflage, Wiesbaden.

Drumm, H. J. (2008): Personalwirtschaft, 6. Auflage, Berlin, Heidelberg.

Ehrlenspiel, K./Kiewert, A./Lindemann, U. (2007): Kostengünstiges Entwickeln und Konstruieren: Kostenmanagement bei der integrierten Produktentwicklung, 6. Auflage, Berlin.

Ehrlenspiel, K./Lindemann, U./Kiewert, A./Steiner, M. (1996): Konstruktionsbegleitende Kalkulation in der integrierten Produktentwicklung, in: Kostenrechnungspraxis, Sonderheft, S. 69 ff.

Engelfried, C. (2005): Soziale Organisationen im Wandel: Fachlicher Anspruch, Genderperspektive und ökonomische Realität, 1. Auflage, Norderstedt.

Falkner, G. (1998): Business-Network-Management: umfassende Unternehmensaktivitäten prozessorientiert führen und gestalten, Zürich.

Franz, K.-P./Kajüter, P. (1997): Kostenmanagement, Wettbewerbsvorteile durch systematische Konzernsteuerung, Stuttgart.

Franz, K.-P./Kajüter, P.(2002): Kostenmanagement – Wertsteigerung durch systematische Kostensteuerung, 2. Auflage, Stuttgart.

Friedl, B. (2009): Kostenmanagement, 1. Auflage, Stuttgart.

Friedrich, A. (2010): Personalarbeit in Organisationen Sozialer Arbeit: Theorie und Praxis der Professionalisierung, 1. Auflage, Wiesbaden.

Gerisch, S./Knapp, K./ Töpsch, K. (2010): Demografiefeste Personalpolitik in der Altenpflege: Handlungsbedarf erfassen, Band 39, Bielefeld.

Gerpott, T./Siemers, S (1995): Controlling von Personalprogrammen, Stuttgart.

Gleich, R. (2012): Balanced Scorecard: Best-Practice-Lösungen für die strategische Unternehmenssteuerung, 1. Auflage, Freiburg.

Gmelin, V. (1995): Effizientes Personalmanagement durch Personalcontrolling: Von der Idee zur Realisierung, Renningen-Mannsheim.

Götze, U. (2000): Kostenrechnung und Kostenmanagement, 2. Auflage, Chemnitz.

Grünefeld, H.-G. (1981): Personalkennzahlensystem – Planung, Kontrolle, Analyse von Personalaufwand und –daten, Wiesbaden.

Gutmann, J./Kollig, M. (2005): Personalkosten: wie Sie die Ausgaben in den Griff bekommen, 1. Auflage, München.

Hafner, R./Polanski, A. (2009): Kennzahlen-Handbuch für das Personalwesen: die wichtigsten Kennzahlen für die HR-Praxis, Hintergrundinformationen und Umsetzungshilfen, Interpretations- und Maßnahmenvorschläge, 1. Auflage, Zürich.

Hammer, M. (2002): Business back to basics: die 9-Punkte-Strategie für den Unternehmenserfolg, München.

Haubrock, A./Öhlschlegel-Haubrock, S. (2009): Personalmanagement, 2. vollständig überarbeitete Auflage, Stuttgart.

Hauschildt, J. (1996): Finanz- und Bilanzanalyse: Analyse der Vermögens-, Finanz- und Ertragslage von Kapital- und Personengesellschaften, 3. Auflage, Köln.

Havighorst, F. (2006): Personalkennzahlen, Düsseldorf.

Heise, W. (2009): Das kleine 1x1 von Zuverlässigkeit und LCC, Erlensee.

Heiß, M. (2004): Strategisches Kostenmanagement in der Praxis: Instrumente - Maßnahmen - Umsetzung, 1. Auflage, Wiesbaden.

Hentze, J. (1995): Personalwirtschaftslehre 2: Personalerhaltung und Leistungsstimulation, Personalfreistellung und Personalinformationswirtschaft, 6. Auflage, Bern/Stuttgart/Wien.

Hentze, J./Kammel, A. (2005): Personalcontrolling im Krankenhaus, in: Krankenhaus-Controlling – Konzepte, Methoden und Erfahrungen aus der Krankenhauspraxis, Hentze, J/Huch, B./Kehres, E. (Hrsg.), 3. Auflage, Stuttgart.

Hermann, S./von der Gathen, A. (2010): Das große Handbuch der Strategieinstrumente: Werkzeuge für eine erfolgreiche Unternehmensführung (Benchmarking, Mapping, Lebenszyklus-Analyse, Segmentierung, Szenario-Technik und andere), 2. erweiterte und überarbeitete Auflage, Frankfurt am Main.

Hoffmann, T. (2013): Situation analysieren: Personalkennzahlen, München.

Horváth P./Niemand, S./Wolbold, M. (1993): Target Costing: State of the Art, in: Horváth, P.(Hrsg.)(1993): Target Costing, marktorientierte Zielkosten in der deutschen Praxis, Stuttgart.

Horváth, P. (2009): Controlling,11. Auflage, München.

Horváth, P./Brokemper, A. (1998): Strategieorientiertes Kostenmanagement, in: Zeitschrift für Betriebswirtschaft (69), S. 587.

Horváth, P./R. Gleich/S. Scholl (1996): Kalkulationsmethoden für das kostengünstige Kalkulieren in: Kostenrechnungspraxis Sonderheft (1), S. 53 ff.

Hoss, G. (1993): Bildungscontrolling in: Horváth, P./Reichmann, T. (Hrsg) (1993): Vahlens Goßes Controllinglexikon, München.

Jancik, J. (2002): Betriebliches Gesundheitsmanagement: Produktivität fördern, Mitarbeiter binden, Kosten senken, 1. Auflage, Wiesbaden.

Jansen, T. (2008): Kompakttraining Personalcontrolling, 1. Auflage, Ludwigshafen.

Jung, H. (2007): Controlling, 2. Auflage, München.

Jung, H. (2008): Personalwirtschaft, 8. aktualisierte und überarbeitete Auflage, München.

Kajüter, P. (2000): Proaktives Kostenmanagement: Konzeption und Realprofile, Wiesbaden.

Kaminski, M. (2013): Betriebliches Gesundheitsmanagement für die Praxis: Ein Leitfaden zur systematischen Umsetzung der DIN SPEC 91020, 1. Auflage, Wiesbaden.

Kaplan, R./Norton, D. P. (1992): The balanced scorecard – measures that drive performance, in: Harvard Business Review (70), Nr. 1, S. 71-79.

Kaplan, R./Norton, D. P. (1997): Balanced Scorecard: Strategien erfolgreich umsetzen, Stuttgart.

Kirchner, W./Hallmann, T. (2001): Reader zum Thema Controlling in Versicherungsunternehmen, Band 2, Karlsruhe.

Klein, A. (2012): Controlling-Instrument für modernes Human Resources Management, 1. Auflage, München.

Konle, Matthias (2003): Entwurf einer Konzeption für das potentialorientierte Kostenmanagement in Dienstleistungsunternehmen, Berlin.

Kralicek, P./ Böhmdorfer, F./Kralicek, G. (2008): Kennzahlen für Geschäftsführer: - Bilanzanalyse und Jahresabschlussszenarien - Controlling und Cash-Management - Investitionsentscheidungen und Unternehmensbewertung, 5. vollständig aktualisierte und erweiterte Auflage, München.

Küpper, H. U. (1997): Controlling: Konzeption, Aufgaben und Instrumente, 2. Auflage, Stuttgart.

Lachnit, L. (1976): Zur Weiterentwicklung betriebswirtschaftlicher Kennzahlensysteme. in: Zeitschrift für betriebswirtschaftliche Forschung (ZfbF), S. 219.

Langhoff, T. (2009): Den demographischen Wandel im Unternehmen erfolgreich gestalten: Eine Zwischenbilanz aus arbeitswissenschaftlicher Sicht, 1. Auflage, Heidelberg.

Lisges, G./Schübbe, F. (2009): Personalcontrolling: Personalbedarf planen, Fehlzeiten reduzieren, Kosten steuern, 3. Auflage, München.

Lisges, G./Schübbe, F. (2014): Praxishandbuch Personalcontrolling - inkl. Arbeitshilfen online: Kennzahlen-Daten-Reportings, 4. Auflage, Freiburg.

Mag, W. (1998): Einführung in die betriebliche Personalplanung, 2. Auflage, München.

Marx, A. (1963): Personalführung: Die Personalplanung in der modernen Wettbewerbswirtschaft, Band 1, Baden-Baden.

Matyssek, A. K. (2012): Führung und Gesundheit: Ein praktischer Ratgeber zur Förderung der psychosozialen Gesundheit im Betrieb, 3. Auflage, Norderstedt.

Matyssek, A. K. (2013): Für ein gesundes Unternehmen!: Wie Sie als Geschäftsleitung das betriebliche Gesundheitsmanagement voranbringen, 1. Auflage, Norderstedt.

Mehlan, A. (2007): Praxishilfen Controlling: Die besten Controlling-Instrumente mit Excel, 1. Auflage, München.

Meifert, M. T. (2010): Strategische Personalentwicklung: Ein Programm in acht Etappen, 2. Auflage, Berlin/Heidelberg.

Metz, F. (1995): Gestaltung von Personalkosten und Personalinvestitionen in Unternehmungen, 1. Auflage, Köln.

Möller, K. (2002): Zuliefererintegration in das Target Costing: Auf Basis der Transaktionskostentheorie, München.

Möllering, C./Hintelmann, M./Frenking, W. S. (1998): Personal-Controlling, in: Controlling für das Krankenhaus – Strategisch Operativ Funktional, Breinlinger O´Reilly/Krabbe, M. (Hrsg.), Neuwied, Kriftel, Berlin.

Murjahn, R. (2004): Kostenmanagement in der chemischen Produktentwicklung, Dissertation, Universität Düsseldorf.

Oechsler, W. A. (2000): Personal und Arbeit, 7. Auflage, München.

Ossola-Haring, C. (2006): Handbuch Kennzahlen zur Unternehmensführung: Kennzahlen richtig verstehen, verknüpfen und interpretieren, 3. aktualisierte und erweiterte Auflage, Augsburg.

Papmehl, A. (1990): Personal-Controlling. Human-Ressourcen effektiv entwickeln, Heidelberg.

Pepels, W. (2008): Expert-Praxislexikon betriebswirtschaftliche Kennzahlen: Instrumente zur unternehmerischen Leistungsmessung, 2. durchgesehene Auflage, Renningen.

Piontek, J.(2005): Controlling, 3. Auflage, München.

Pollmann, R./Rühm, P. (2007): Controlling-Berichte professionell gestalten, 1. Auflage, München.

Potthoff, E./Trescher, K. (1986): Controlling in der Personalwirtschaft, 1. Auflage, Berlin.

Preißler, P.R. (2008): Betriebswirtschaftliche Kennzahlen: Formeln, Aussagekraft, Sollwerte, Ermittlungsintervalle, 1. Auflage, München.

Reckenfelderbäumer, M. (1998): Entwicklungsstand und Perspektiven der Prozesskostenrechnung, 2. Auflage, Wiesbaden.

Reichmann, T. (1995): Controlling mit Kennzahlen und Managementberichten - Grundlagen einer systemgestützten Controlling-Konzeption, 4. Auflage, München.

Reichmann, T. (1997): Controlling mit Kennzahlen und Managementberichten: Grundlagen einer systemgestützten Controlling-Konzeption. 5. überarbeitete und erweiterte Auflage, München.

Reichmann, T. (2001): Controlling mit Kennzahlen und Managementberichten - Grundlagen einer systemgestützten Controlling-Konzeption, 6. Auflage, München.

Reichmann, T. (2014): Controlling mit Kennzahlen: Die systemgestützte Controlling-Konzeption mit Analyse- und Reportinginstrumenten, 8. Auflage, München.

Reinecke, S. (2000): Konzeptionelle Anforderungen an Marketing-Kennzahlensysteme, Arbeitspapier des Forschungsinstitut für Absatz und Handel an der Universität St. Gallen, St. Gallen.

Riezler, S. (1996): Lebenszyklusrechnung – Instrument des Controlling strategischer Projekte, Wiesbaden.

Sandt, J. (2004): Management mit Kennzahlen und Kennzahlensystemen: Bestandsaufnahme, Determinanten und Erfolgsauswirkungen, 1. Auflage, Wiesbaden.

Schehl, M. (1994): Die Kostenrechnung der Industrieunternehmen vor dem Hintergrund unternehmensexterner und -interner Strukturwandlungen, Dissertation, Berlin.

Schmeisser, W./Eckstein, P. P./Boche, M. (2009): Die Finanzorientierte Personalwirtschaft auf dem empirischen Prüfstand: Eine webbasierte Befragung, 1. Auflage, München.

Schmeisser, W./Sobierajczyk, P./Zinn, A. (2014): Personalcontrolling, München.

Schneider, W./Henning, A. (2008): Lexikon Kennzahlen für Marketing und Vertrieb: Das Marketing-Cockpit von A-Z, 2. Auflage, Berlin/Heidelberg.

Scholz, C. (2000): Personalmanagement: Informationsorientierte und verhaltenstheoretische Grundlagen, 5. Auflage, München.

Scholz, C. (2014): Personalmanagement: Informationsorientierte und verhaltenstheoretische Grundlagen, 6. überarbeitete Auflage, Saarbrücken.

Scholz, C./Sattelberger, T. (2013): Human Capital Reporting: HCR10 als Standard für eine transparente Personalberichterstattung, 1. Auflage, München.

Schott, G. (1991): Kennzahlen: Instrument der Unternehmensführung, 6. unveränderte Auflage, Wiesbaden.

Schübbe, F. (2011): Personalkennzahlen: Vom Zahlenfriedhof zum Management-Dashboard, Norderstedt.

Schulte, C. (2002).: Personalcontrolling mit Kennzahlen, 2. Auflage, München.

Schulte, C. (2012): Personal-Controlling mit Kennzahlen, 3. Auflage, München.

Schweitzer, M./Friedl, B. (1999): Unterstützung des Kostenmanagements durch Kennzahlen. in: Seicht, G. (Hrsg.)(1999):Jahrbuch für Controlling und Rechnungswesen, Wien.

Seidenschwarz, W. (2008): Die zweite Welle des Target Costing – Die Renaissance einer intelligenten Entwicklungsmethodik, in: Controlling (20), S. 617.

Staats, S. (2009): Metriken zur Messung von Effizienz und Effektivität von Konfigurationsmanagement- und Qualitätsmanagementverfahren, 1. Auflage, Bremen.

Staudt, E./Groeters, U./Hafkesbrink, J./Treichel, H. R. (1985): Kennzahlen und Kennzahlensysteme: Grundlagen zur Entwicklung und Anwendung, 1. Auflage, Berlin.

Stöger, R. (2007): Balanced Scorecard – Eine Bilanz in: OrganisationsEntwicklung, Zeitschrift für Unternehmensentwicklung und Change Management (4), S. 27 f.

Strohmeier, S./Piazza, F. (2015): Human Resource Intelligence und Analytics: Grundlagen, Anbieter, Erfahrungen und Trends, 1. Auflage, Wiesbaden.

Tauberger, A. (2008): Controlling für die öffentliche Verwaltung, München.

The Boston Consulting Group, Inc. und World Federation of Personnel Management Associations (2008): People Advantage Bewältigung von HR-Herausforderungen weltweit bis 2015, Executive Summary auf Deutsch.

Töpfer, A. (1992): Personalkennziffern und –Statistik, in: Gaugler, E,/Weber, W.: Handwörterbuch des Personalwesens, 2. neubearbeitete und ergänzte Auflage, Stuttgart.

Tschumi, M. (2006):Praxisratgeber zur Personalentwicklung: die Personalentwicklung von der Bedarfsermittlung über die Planung und Durchführung bis zur Erfolgskontrolle mit vielen Praxisbeispielen ; mit Exel-Tools und vielen weiteren Arbeitshilfen auf CD-ROM, 1. Auflage, Zürich.

Vogt, A. (1984): Personalkostenerfassung und –analyse für Planungs- und Kontrollzwecke, in: Zentrum für betriebliche Forschung (36), Heft 10, 866 f.

Wall, F. (2001): Ursache-Wirkungsbeziehungen als ein zentraler Bestandteil der Balanced Scorecard in: Controlling, (13), Heft 2, S. 67-69.

Walter, W. G. (2006): Erfolgsfaktor Unternehmenssteuerung: Kennzahlen, Instrumente, Praxistipps, 1. Auflage, Heidelberg.

Weber J. (1991): Einführung in das Controlling/Teil 2 Instrumente, 3. wesentlich veränderte und erweiterte Auflage, Stuttgart.

Weber, M. (2006): Schnelleinstieg Kennzahlen, 1. Auflage, München.

Welge, M./Peschke, M. A. (2003): Gabler Management Trends 2004: Die besten Praxislösungen, 1. Auflage, Wiesbaden.

Wickel-Kirsch, S. (2001): Balanced Scorecard – Philosophie und Methodik im Lichte des HR-Management in: Grötzinger, M. (2001): Balanced Scorecard im Human-Resources-Management: Strategie, Einsatzmöglichkeiten, Praxisbeispiele, Neuwied.

Wickel-Kirsch, S./Janusch, M./Knorr, E. (2008): Personalwirtschaft: Grundlagen der Personalarbeit in Unternehmen, Wiesbaden.

Wild, J. (1966): Grundlagen und Probleme der betriebswirtschaftlichen Organisationslehre, Entwurf eines Wissenschaftsprogramms, (Betriebswirtschaftliche Forschungsergebnisse: 28.), Berlin.

Wildemann, H. (1996): Controlling im TQM: Methoden und Instrumente zur Verbesserung der Unternehmensqualität, München.

Wöltje, J. (2008): Betriebswirtschaftliche Formelsammlung, 3. überarbeitete Auflage, München.

Wöltje, J. (2013): Bilanzen lesen, verstehen und gestalten, 11. überarbeitete Auflage, Freiburg.

Wunderer, R./Jaritz, A. (1999): Unternehmerisches Personalcontrolling: Evaluation der Wertschöpfung im Personalmanagement.

Wunderer, R./Schlagenhaufer, P. (1994): Personal-Controlling – Funktionen, Instrumente, Praxisbeispiele, Stuttgart.

Zentrum Wertanalyse der VDI-Gesellschaft Systemen (1995): Wertanalyse: Idee-Methode-System, 5. überarbeitete Auflage, Berlin.

Zdrowomyslaw, N./Kasch, R. (2002): Betriebsvergleiche und Benchmarking für die Managementpraxis: Unternehmensanalyse, Unternehmenstransparenz und Motivation durch Kenn- und Vergleichsgrößen, München.

Zwettler, ‚R. (2007): Kennzahlen-Trainer, 2. durchgesehene Auflage, München.